Claudia Schmidt

Brot und Brötchen

Vollwertige Backideen

Claudia Schmidt

Brot und Brötchen

Vollwertige Backideen

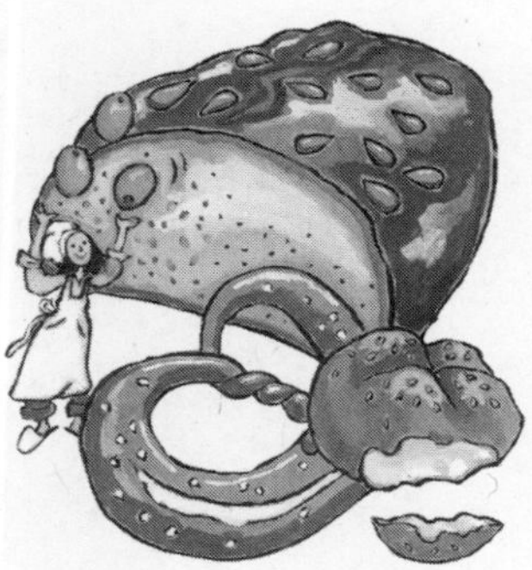

pala verlag

Inhalt

Brotbacken – eine kleine Philosophie

Der Duft von frisch gebackenem Brot gehört zu den schönsten Gerüchen, die von der Küche aus durch Haus oder Wohnung ziehen können. Kaum ein Duft löst so viel Wohlbehagen aus.

Brot ist ein zentraler Bestandteil unserer Kultur und findet im Vaterunser („Unser tägliches Brot gib' uns heute“) seinen religiösen Ausdruck. Brot ist Sinnbild für das, was uns am Leben erhält. In vielen geflügelten Worten und Redewendungen finden wir das heute in fast allen Kulturen wieder. Wir verdienen „unsere Brötchen“, ein Beruf dient dem „Broterwerb“, der Chef ist der „Brötchengeber“, im Englischen ist das Familienoberhaupt der „breadwinner“ und im Russischen gilt das Sprichwort: „Ohne Brot ist ein Tisch nur ein Brett.“

Der Beruf des Bäckers wurde lange Zeit als Amt angesehen, das der gesamten Gemeinschaft diente. Es galt als unmoralisch und wurde bestraft, wenn Bäcker ein allzu großes Gewinnstreben zeigten. Bäcker, die gegen die strengen Backvorschriften verstießen, beispielsweise Mehl streckten, wurden im Mittelalter mit drakonischen Strafen bedacht.

In den bäuerlichen Haushalten war es selbstverständlich, sein Brot selbst zu backen. Noch vor rund 100 Jahren gehörte das Brotbacken zum Wochenplan von Bäuerinnen, die meist recht viele Leute auf dem Hof mit Selbstgebackenem versorgten. Von Generation zu Generation wurden Regeln zum richtigen Umgang mit Sauerteig oder Hefe und schmackhafte Brotrezepte weitergegeben.

Heute hat Brot seine Bedeutung als Hauptnahrungsmittel stark verloren. Es mag mit an den veränderten Bedingungen in der Landwirtschaft, der Landflucht und Industrialisierung liegen, dass heute das Wissen ums Brotbacken nicht mehr weit verbreitet ist.

Das Bild des Brotbackens sieht heute weniger romantisch aus. Die meisten Verbraucher kaufen ihr Brot beim Bäcker, immer mehr aber auch im Supermarkt, in Discountläden oder Billigketten, die tiefgefrorene Teiglinge von weit her beziehen und das Brot nur noch fertig backen. Der Massenmarkt wird von Brotfabriken beliefert. Brotsorten ähneln sich immer mehr und sind austauschbar. Bäckereien, in denen noch eigener Sauerteig kultiviert und mehrstufig geführt wird, sind eher selten. Wozu den Teig lange führen, wenn man mit Kunstsauer viel schneller und damit mehr Brot backen kann?

Wenn wir nun die Frage stellen, was eigentlich gutes Brot ausmacht, dann müssen wir erst einmal Brot mit allen Sinnen erfahren. Heute regieren vielerorts große Bäckereiketten über die Brotlandschaft, gefragt ist leider nicht selten Masse statt Klasse. Abgepacktes Brot aus dem Supermarkt ist in vielen Familien Standard geworden. Verloren geht dabei die Erinnerung, wie lecker wirklich gutes Brot aussieht, riecht und schmeckt.

Dabei ist es gar nicht so schwer, Brot zu beurteilen. Das fängt bei der Bewertung des Brotes von außen an, geht über die Beurteilung der Krume, der Textur und endet noch nicht beim Geruch. Auch wenn Brot meist nicht allein verzehrt wird, sollte man einmal genau auf den Brotgeschmack achten. Wie ist der erste Eindruck? Und womit schmeckt das Brot besonders gut?

Wer Brot aufmerksam beurteilt, wird Unterschiede zwischen goldener Kruste, hellbraunen, leicht gelben, glänzenden oder blasigen Broten entdecken. Einige Brote haben eine Kruste, die dem leichten Fingerdruck nicht nachgibt, andere haben nur eine weiche Kruste, die man wegen ihrer Empfindlichkeit und Weichheit viel lieber als Haut bezeichnen möchte.

Die Krume kann dicht, dunkel oder großporig sein, an Kuchen erinnern. Sie kann gleichmäßig sein oder von Poren unterschiedlicher Größe durchzogen sein. Im Mund kann die Krume trocken oder gar krümelig, saftig oder klitschig, weich und luftig oder hart und dicht sein.

Einige Brote riechen intensiv nach Nüssen, duften süß und leicht nach Honig, andere nach Weizen. Manches Brot riecht nur mild, anderes verströmt einen säuerlichen Geruch oder riecht angenehm nach Butter.

Auch der Geschmack des Brotes kann unterschiedlich sein und die verschiedenen Geschmacksknospen auf der Zunge ansprechen: süß, sauer, salzig – oder es schmeckt einfach nur fad. Einige Brote haben ein feines Butteraroma, andere verfügen gleich über mehrere Geschmackskomponenten oder sie sind einfach und entfalten kein großes Geschmacksfeuerwerk.

Wer sich mit dem Brot beschäftigt, wer seinen Geschmackssinn schärft, fängt an, Brot neu zu entdecken und den eigenen Geschmack zu perfektionieren. Das Bedürfnis, Brot selbst zu backen, ist eine fast logische Konsequenz.

Das Brotbacken wird uns heute ernorm erleichtert. Dies fällt uns nur nicht auf, weil alles so selbstverständlich geworden ist. So können wir unseren Ofen auf exakte Temperaturen einstellen, Teig kann entspannt im Kühlschrank ruhen und „gehen", wir bedienen uns mit Selbstverständlichkeit der Rührgeräte und Küchenmaschinen. Unser Mehl ist frei von Verunreinigungen, die Hefe ist unbedenklich und gesund. Beste Voraussetzungen also, um bestes Brot zu backen und vielleicht sogar Neues auszuprobieren und andere Pfade zu beschreiten.

Vor dem Brotbacken schrecken dennoch viele zurück, die Brotbackkunst scheint von Geheimnissen umgeben zu sein, sie gilt zumindest nicht als einfach. Aber Brotbacken ist gar nicht so schwer. Ein paar Grundregeln gilt es zu beachten, dann gelingen auch Anfängern einfache Brote. Wer damit dann auf den Geschmack gekommen ist, wird bald seinen ersten Sauerteig selbst ansetzen und beim Brotbacken bleiben. Denn Duft und Geschmack von selbst gebackenem Brot können süchtig machen!

Vom Korn zum Brot – die Zutaten und ihre Funktion

Getreide

Getreide als Nahrungsmittel ist den Menschen seit etwa 10.000 Jahren bekannt. Bis zu den heutigen ertragreichen Kulturformen dauerte es allerdings noch ein paar tausend Jahre. Traditionell werden in den verschiedenen Ländern die Arten verwendet, die regional am besten angebaut werden konnten. Weizen verträgt zum Beispiel raueres Klima weniger als Roggen, Gerste oder Hafer. Auch die Bodenbeschaffenheit spielt eine große Rolle.

Weizen

Weizen ist heute das Brotgetreide schlechthin. Sein Reichtum an Klebereiweiß trägt hauptsächlich dazu bei, dass Brot aufgehen und die Form stabil halten kann. Nach Reis ist Weizen das am zweithäufigsten angebaute Getreide auf der Welt. Noch bis ins 19. Jahrhundert spielte er in Mitteleuropa keine große Rolle. Der Anbau von Roggen und Hafer stand im Vordergrund. Durch Veränderungen in der Landwirtschaft und die Züchtung immer ertragreicherer Weizensorten wurden diese aber nach und nach verdrängt.

Roggen

Roggen ist das Getreide der rauen Klimate. Dort, wo Weizen längst nicht mehr gedeiht, bringt Roggen auch in unwirtlichen Gegenden gute Erträge. Schon früh erkannten die Menschen, dass sich aus Roggen sehr schmackhafte und haltbare Brote backen lassen. Zur Teiglockerung wird Sauerteig oder Backferment benötigt, denn ohne Säure geht das Brot nicht auf.

Der Roggenanbau geht mengenmäßig immer weiter zurück, dennoch hat Roggen als klassisches Brotgetreide noch immer eine große Bedeutung.

Dinkel

Dinkel ist ein Vorläufer des Weizens und von Zuchtbemühungen weitgehend verschont. Er ist reich an Klebereiweiß und hat daher sehr gute Backeigenschaften.

Dinkel ist robuster, aber auch weniger ertragreich. Die Spelzen sind fest mit dem Korn verbunden, deshalb muss Dinkel in einem speziellen Verfahren entspelzt werden. Bis er dem ertragreicheren Weizen weichen musste, war Dinkel hierzulande weit verbreitet. Gerade im ökologischen Landbau hat er aber eine Renaissance erfahren.

Buchweizen

Buchweizen ist kein „echtes Getreide“, sondern ein Knöterichgewächs. Er steht dem Sauerampfer, botanisch gesehen, näher als dem Weizen. Die Inhaltsstoffe der kleinen Körner können sich aber durchaus mit Getreide messen. Die „Nüsschen“ enthalten wertvolles Eiweiß, aber keinen Kleber, daher ist Buchweizen für die glutenfreie Ernährung geeignet. Sein nussiger Geschmack bereichert viele Gerichte, hauptsächlich wird Buchweizen zu Grütze oder dünnen Pfannkuchen verarbeitet. In Kombination mit anderen Getreidearten kann er aber auch zum Brotbacken verwendet werden.

Hafer

Hafer ist eine verhältnismäßig „junge“ Getreideart. Er ist recht anspruchslos und wächst auch bei kühlerer Witterung. Die Körner sitzen an langen Rispen und sind von einem festen Spelz umschlossen. Sie müssen daher vor dem Weiterverarbeiten entspelzt werden. Hierzulande ist Hafer vor allem in Form von Haferflocken bekannt.

Auch wenn reine Haferbrote nicht bekannt sind, schadet ein Teil Hafermehl nicht: Brot wird durch den Zusatz von Hafer länger haltbar und durch wertvolle Inhaltsstoffe wie hochwertiges Eiweiß, Eisen, Kalzium oder Silizium bereichert.

Hirse

Der Sammelbegriff „Hirse“ steht für verschiedene Gräserarten. Unsere Speisehirse gehört zu den Rispenhirsen. Die kleinen Samen sitzen an lockeren, oft überhängenden Rispen. Borsten- oder Kolbenhirse wurde hierzulande früher ebenfalls angebaut, heute kennen wir sie nur noch als importiertes Vogelfutter. Perlhirse und Sorghum sind wichtige Grundnahrungsmittel in den tropischen Gebieten Afrikas.

In den goldenen Körnchen der Speisehirse stecken wertvolle Inhaltsstoffe, beispielsweise Eisen, aber auch Fluorid und Silizium (gut für Zähne, Haare und Nägel). Da Hirse kein Klebereiweiß enthält, ist sie für die glutenfreie Ernährung geeignet. Hirsemehl macht Backwaren knuspriger, muss aber mit anderen Mehlen gemischt werden.

Gerste

Gerste spielt heute in der Ernährung des Menschen eine untergeordnete Rolle. Leider zu unrecht, denn vom Nährwert her kann Gerste es locker mit anderen Getreidesorten aufnehmen. Heute kennen wir Gerste hauptsächlich als Graupen, die rundgeschliffenen Getreidekörner. Braugerste ist eine wichtige Zutat bei der Bierherstellung und dient als Rohstoff für Malzkaffee.
Gerste verfügt über wenig Klebereiweiß, daher kann es nur mit anderen Mehlen gemischt zu Brot verarbeitet werden.

Mais

Mais ist das weltweit am häufigsten angebaute Getreide. In der Ernährung des Menschen spielt es aber nur in wenigen Gegenden eine Hauptrolle. Große Teile der Welternte gehen in die Futtermittelproduktion. Mais enthält kein Klebereiweiß und eignet sich nur als Beigabe zum Brotteig oder für Fladenbrote wie beispielsweise Tortillas, die mexikanischen Fladenbrote.

Amarant

Amarant ist eine sehr alte Kulturpflanze der Andenregionen. Bis zur spanischen Eroberung im 16. Jahrhundert war er das wichtigste Grundnahrungsmittel der Inkas. Hinsichtlich der Nährstoffe ist Amarant den konventionellen Getreidesorten überlegen. Er enthält wertvolles Eiweiß und Mineralstoffe wie Kalzium und Magnesium. Da kein Klebereiweiß enthalten ist, kann er nur vermischt mit anderen Mehlen zu Brot oder Brötchen verbacken werden.

Quinoa

Quinoa gehört zur Familie der Fuchsschwanzgewächse und ist daher wie Amarant kein „echtes Getreide“. Quinoa ist besonders reich an Eisen und Zink und liefert biologisch hochwertiges Eiweiß. Da Quinoa kein Klebereiweiß enthält, ist es für die glutenfreie Ernährung interessant. Beim Brotbacken kann es nur als „Beigabe“ dienen.

Reis

Reis ist eines der Grundnahrungsmittel schlechthin, er ist auf allen Kontinenten heimisch. Fast der Hälfte der Weltbevölkerung dient er als Grundnahrungsmittel.

Nach der Länge werden Rund-, Mittel- und Langkornreis unterschieden.

Naturreis enthält wichtige B-Vitamine und Mineralstoffe wie Kalium oder Magnesium. Dem polierten, weißen Reis fehlt es dagegen an Vitaminen und Mineralstoffen.

Reismehl enthält kein Klebereiweiß, für das Brotbacken ist seine Bedeutung daher recht gering. In der glutenfreien Ernährung spielt es jedoch eine wichtige Rolle.

Ausmahlungsgrad und Mehltypen

In den Rezepten dieses Buches wird meist Vollkornmehl und Vollkornschrot verwendet. In einigen Rezepten kommen zudem Mehle wie das Weizenmehl Type 1050 vor. Diese Bezeichnung ist in Deutschland gebräuchlich und gibt den Ausmahlungsgrad und den Mineralstoffgehalt des Mehls an.

Der **Ausmahlungsgrad** gibt den Gewichtsanteil des beim Vermahlen des Getreidekorns anfallenden Mehls an. Vollkornmehl hat einen Ausmahlungsgrad von 100%. Bei niedrig ausgemahlenen Mehlen wie Weizenmehl Type 405 landet nur ein Teil des Korns in der Tüte.

Die **Mehltypen** richten sich nach dem Mineralstoffgehalt des Mehls. Je niedriger die Typenzahl, umso weniger Mineralstoffe sind enthalten. Niedrig ausgemahlene Mehle enthalten wenig mineralstoffreiche Randschichten und sind daher heller, aber mineralstoffärmer.

Leider werden in den deutschsprachigen Ländern unterschiedliche Bezeichnungen verwendet, was bisweilen recht verwirrend sein kann. Die Angaben in diesem Buch beziehen sich auf die deutschen Typenangaben. Diese Tabelle kann Ihnen nützlich sein, wenn Sie in der Schweiz oder Österreich andere Typenbezeichnungen kennen. Wird das ganze Korn, auch der Keimling, vermahlen, hat Vollkornmehl keine Typenbezeichnung.

Deutschland	**Österreich**	**Schweiz**
Type und Bezeichnung	Type und Bezeichnung	Bezeichnung
Weizen		
405 *Kuchenmehl*	W 480 *Weißmehl, glatt oder griffig*	Weißmehl
550 *Helles Brötchenmehl*	W 700 *Koch- oder Backmehl*	Halbweißmehl
815 *Dunkles Brötchenmehl*		
1050 *Graubrotmehl*		Ruch- oder Graumehl
1600 *Dunkles Brotmehl*	W 1600 *Weizenbrotmehl*	
1700 *Weizenbackschrot*		
Vollkornmehl	Vollkornmehl	Vollkornmehl
Roggen		
610 *Roggenfeinmehl*	R 500 *Graumehl, Weißroggen*	Roggenmehl, hell
815 *Helles Brotmehl*		
1150 *Dunkles Roggenmehl*	R 960 *Roggenbrotmehl*	Ruchmehl
1800 *Roggenbackschrot*	R 2500 *Schwarzroggen*	Roggenschrot
Vollkornmehl	Vollkornmehl	Vollkornmehl

Triebmittel

Hefe

Wahrscheinlich nutzten schon Bäcker im alten Ägypten die Teig treibenden Kräfte der Hefe. Ob die Bäcker allerdings wussten, womit sie ihren Teig auflockerten, darf bezweifelt werden. Erst der französische Wissenschaftler Louis Pasteur entdeckte im 19. Jahrhundert, dass es Hefen sind, die für die Fermentation verantwortlich sind.

Während in früheren Zeiten mit den Abfallprodukten der Bierbrauereien gebacken wurde, hat sich heute die Bäcker- oder auch Backhefe durchgesetzt. Sie schmeckt weniger bitter, erzielt gleich bleibende Backergebnisse und hat eine gute Triebtätigkeit. In der Backhefe liegen die Hefezellen in Reinkultur vor. Sie werden in der Regel auf einer Lösung aus Rüben- oder Rohrzuckermelasse gezogen.

Die Hefezellen spalten die im Teig enthaltenen Zucker und Kohlenhydrate auf. Dabei entsteht Kohlendioxid und Alkohol, die beide für die Teiglockerung verantwortlich sind.

Backhefe kommt als frische Presshefe und als Trockenhefe in den Handel.

Je besser die Bedingungen für die Hefe sind, umso besser vermehren sich die Hefezellen und umso besser geht der Teig auf. Sie benötigen zum einen Wasser, daher ist es ratsam, Hefe zunächst in Flüssigkeit aufzulösen.

Zum anderen lieben sie eine warme Umgebungstemperatur. Bei etwa 28 °C vermehrt sich Hefe optimal, über 50 °C stirbt sie ab. Hefe darf deshalb nur in lauwarmer Flüssigkeit aufgelöst werden.

Für die optimale Teiglockerung gilt normalerweise ein Frischhefeanteil von drei bis sechs Prozent, bezogen auf die Mehlmenge. Schwere Teige mit hohem Fettanteil benötigen acht bis zehn Prozent Hefe.

Bei Broten kann man allerdings auch mit viel weniger Hefe auskommen. Der Schlüssel zum Erfolg sind lange Ruhezeiten und der Einsatz von Vorteigen wie *Biga* (siehe dazu Rezept auf Seite

100) oder *Pâte fermentée*. Die Hefe bekommt dadurch mehr Zeit, sich zu vermehren und der Teig geht auf. Der Hefeanteil lässt sich so auf ein bis zwei Prozent reduzieren. Der Vorteil: Der typische Hefegeschmack tritt in dem Brot mit langer Gärzeit nicht auf.

Frische Hefe sollte fest sein und angenehm riechen. Sie bröckelt nicht auseinander, sondern bricht glatt. Frisch riecht Hefe durchaus angenehm. Gut gekühlt hält sie sich zehn bis vierzehn Tage.

Alte Hefe bekommt Risse, wird dunkel und im schlimmsten Fall schmierig. Sie schmeckt bitter und riecht unangenehm. Sie sollte auf keinen Fall zum Backen verwendet werden. In alter Hefe sind bereits viele Hefezellen abgestorben, die für die Teiglockerung nicht mehr zur Verfügung stehen.

Wenn Sie sich nicht sicher sind, ob die Hefe noch frisch ist, hilft folgender Test: Ein wenig Hefe wird in eine halbe Tasse mit lauwarmem Wasser gegeben. Nach zehn Minuten sollten sich kleine Bläschen bilden, die zeigen, dass die Hefe noch aktiv ist. Länger haltbar ist Trockenhefe. Sie hält sich trocken gelagert gut ein Jahr. Trockenhefe bietet sich vor allem dann an, wenn frische Hefe nicht zur Hand ist.

Sie wird in kleinen Tüten zu jeweils etwa 7 g angeboten. In den Rezepten dieses Buches wird in den seltensten Fällen ein ganzes Päckchen benötigt. Ich bewahre Trockenhefe immer in einem kleinen Schraubglas auf und gebe die Trockenhefe aus den Tütchen direkt dort hinein. So kann ich jederzeit die gewünschte Menge entnehmen. Ein paar Päckchen lasse ich aber geschlossen, für den Fall, dass ein Rezept ein ganzes Päckchen Trockenhefe verlangt.

Ob man lieber mit frischer Hefe oder Trockenhefe backt, ist Gewohnheitssache. Die Hefen, die für Trockenhefe verwendet werden, stammen aus der gleichen „Zucht" wie die frischen Hefen.

Bei den Rezepten in diesem Buch ist jeweils nur eine der beiden Hefearten aufgelistet. Falls Sie statt der frischen lieber Trockenhefe benutzen möchten oder umgekehrt, können Sie ganz einfach nach Bedarf umrechnen.

Als Ausgangsmenge wird Frischhefe mit 100 % angenommen. Von Trockenhefe benötigen Sie für die gleiche Mehlmenge nur 40 %. Wenn Sie 40 g Frischhefe benötigen (etwa ein Würfel), benötigen Sie also nur 16 g Trockenhefe.

Trockenhefe multiplizieren Sie mit dem Faktor 2,5, dann erhalten Sie die notwendige Menge an frischer Hefe. 1 TL Trockenhefe enthält etwa 9 g.

Für das Wiegen von Hefe benötigen Sie bei den kleinen Mengen eine Waage mit genauer Grammeinteilung. Für das Abmessen der Trockenhefe haben sich aber vor allem Messlöffel bewährt, die es als Löffelsatz zu kaufen gibt. Ein Satz beinhaltet meist ein Maß für 1 EL, 1 TL, für ½ TL und – zum Brotbacken ganz prima – einen für ¼ TL.

Sauerteig

Zur Geschichte des Sauerteigs gibt es viele nette Anekdoten, von denen die meisten wohl nachträglich erfunden wurden. Als gesichert gilt allerdings, dass schon im alten Ägypten mit Sauerteig gebacken wurde. Wahrscheinlich war es ein Zufall, der einen vergessenen Teigrest (Mehl mit Wasser vermischt) in der Sonne „verderben" ließ. Irgendjemand muss – unbeabsichtigt oder in vollem Wissen – diesen Teigrest verbacken haben und sich über das gute Ergebnis gefreut haben.

Sauerteig entsteht spontan, wenn man Mehl mit Wasser vermischt über mehrere Tage stehen lässt. Im Sauerteig sind Milchsäurebakterien, Essigsäurebakterien und Wildhefen aktiv. Die Säuren, die im Sauerteig dabei entstehen, sind sehr wichtig, denn nur mit ihrer Hilfe kann das Roggenmehl für das Brotbacken aufgeschlossen werden. Liegt der Roggenmehlanteil im Brot über 40 %, muss auf jeden Fall Sauerteig beim Gären helfen.

Milchsäurebakterien kennen wir auch von der Sauerkrautherstellung oder von der Herstellung saurer Milchprodukte wie Dickmilch und Joghurt. Diese Bakterien bauen die Kohlenhydrate aus dem Mehl zu Milchsäure um. Für einen guten Sauerteig ist es wichtig, dass möglichst die Milchsäurebakterien überwiegen. Die Essigsäurebakterien produzieren hauptsächlich Essigsäure und Kohlendioxid. Darüber hinaus liefern die Essigsäureproduzenten auch noch den typischen, würzigen Sauerteigbrotgeschmack.

Die Hefen schließlich sind hauptsächlich für die Teig lockernde Wirkung des Sauerteiges zuständig. Sie produzieren Alkohol und Kohlendioxid, die den Teig „gehen" lassen.

Mit Sauerteig hergestellte Brote halten sich insgesamt besser als reine Hefeteigbrote.

Wichtig für die Herstellung von Sauerteig ist das Wissen um die Biologie der Bakterien. Die Milchsäurebakterien gedeihen am besten bei Temperaturen zwischen 30 und 35 °C. Die vornehmlich Essigsäure produzierenden Bakterien hingegen sind mit Raumtemperaturen von 20 bis 25 °C vollkommen zufrieden. Bei vielen selbst produzierten Sauerteigen dominieren – meist unerwünscht – die Essigsäurebildner. Nur wer den Sauerteig konstant warm hält, wird mit einem Sauerteig belohnt, in dem die Milchsäurebakterien in der Überzahl sind.

Wer seinen eigenen Sauerteig ansetzen will, nimmt daher schon bei der Wahl der Temperatur Einfluss auf die Zusammensetzung. Was man dabei nicht beeinflussen kann, sind die Hefen, die aus der Umgebung und aus dem Mehl in den Teig gelangen und sich dort vermehren. Das erklärt, warum Sauerteige aus den unterschiedlichsten Ecken der Welt ganz unterschiedliche Backresultate erzielen. Bei einem gesunden, gut geführten Sauerteig wird allerdings immer ein ausgewogenes Verhältnis von Bakterien und Hefen herrschen.

Am bekanntesten sind Roggensauerteige, da sie ursprünglich notwendig waren, um das Roggenmehl aufzuschließen und ein akzeptables Backergebnis zu erzielen.

Heute finden im deutschsprachigen Raum auch immer mehr Weizensauerteige Verbreitung. Viele Bäcker haben entdeckt, dass Weizenbrote mit Sauerteig ein besonderer Genuss sind und häufig besser vertragen werden als reine Hefebrote. Beim Weizen- und auch beim Dinkelsauerteig kommt es weniger auf die Säuerung des Teiges als auf die Triebkraft an. Im Vergleich zum Roggensauerteig sind Weizen- und Dinkelsauerteige wesentlich milder, weil sie weniger Säure produzieren. Das macht Weizensauerteig leider auch anfälliger für Sauerteig fremde Bakterien, die ihn im schlimmsten Fall unbrauchbar machen. Weizensauerteig ist somit nicht ganz unproblematisch.

Backferment

Sauerteig und Hefe sind beim Brotbacken Standard. Weniger bekannt ist Spezial-Backferment, das im Reformhaus oder Naturkostladen erhältlich ist. Die Wirkung des Backferments beruht auf dem Gärungseffekt, der eintritt, wenn Honig mit Wasser gemischt wird. Die im Honig natürlich vorkommenden Nektarhefen werden durch die Zugabe von Wasser, Weizen- und Erbsenmehl aktiv. Das daraus hergestellte Teiglockerungsmittel wird luftgetrocknet und zu Granulat vermahlen. Im Teig sorgt es später zuverlässig für die gewünschte Gärung.

Für Zöliakie- und Sprue-Kranke gibt es zudem auch noch ein glutenfreies Spezial-Backferment auf Maisbasis.

Wer sich vegan ernährt, kann außerdem auf honigfreies „Bio-Vegan-Backferment" zurückgreifen. Es wird aus Getreide und speziellen Fermentkulturen hergestellt.

Anders als beim Sauerteig können mit Backferment auch andere Getreidearten wie Reis, Hirse, Mais, Hafer und Gerste verbacken werden. Anteile von 40 bis 80 % dieser Getreidearten lassen sich zu wohlschmeckenden Broten verarbeiten.

Das Backfermentgranulat ist etwa ein Jahr haltbar. Bevor damit Brot gebacken werden kann, müssen die Gärungsorganismen wieder aktiviert werden. Ähnlich dem Sauerteig wird ein Grundansatz hergestellt. Wasser und Mehl werden mit kleinen Mengen des Granulats vermischt. Dieser Ansatz muss an einem warmen Ort (ideal sind 30 °C) ruhen. Der gebrauchsfertige Grundansatz hält sich im Schraubglas gut gekühlt bis zu sechs Monate. Von dem Granulat werden immer nur geringe Mengen verwendet, so dass eine Dose oder Tüte Backferment lange hält.

Brote aus Backferment werden oft besser vertragen als herkömmliche Sauerteig- oder Hefebrote. Der Teig enthält vor allem Milchsäure und weniger Essigsäure. Die Brote schmecken daher deutlich milder. Auch auf den Zusatz von Bäckerhefe wird meist verzichtet, da das Backferment den Teig gleichzeitig lockert und treibt. Es kann aber auch an der längeren Teigruhe, die bei den Backferment-Broten nötig ist, liegen. Durch die längeren Gehzeiten werden die Inhaltsstoffe des Getreides besser aufgeschlossen und das Brot ist so bekömmlicher.

Weitere Zutaten

Wasser

In den meisten Gegenden hat Leitungswasser eine ausgezeichnete Qualität. Es kann allerdings vorkommen, dass in einigen Gegenden Wasser stärker gechlort wird. Das kann unter Umständen dazu führen, dass der Gärungsprozess nur schleppend oder gar nicht in Gang kommt. Für diesen Fall sollten Sie Wasser aus der Flasche nehmen.

Für Brote aus Vollkornmehl wird etwa ein Drittel mehr Wasser benötigt als bei hellem Mehl. Wenn der Vollkornteig gut feucht ist, können die Randschichten des Korns besser aufquellen. Damit der Teig gut aufgeht, ist es wichtig, stets lauwarmes Wasser zu verwenden. Ist das Wasser zu kalt, kommen die Bakterien und Hefen nicht in Schwung. Ist die zugesetzte Flüssigkeit zu heiß, werden sie zerstört.

Backmalz

Bei einigen Rezepten, insbesondere bei Baguettebroten, fügen Bäcker dem Teig gern Backmalz hinzu. Backmalz ist ein sehr altes Backmittel aus gekeimten und anschließend gedarrten Getreidekörnern, meist aus Gerste, Weizen oder Dinkel. Zum einen sorgen die im Malz enthaltenen Zucker Maltose und Glukose dafür, dass die Hefe im Teig genügend Nahrung bekommt. Zum anderen enthält Backmalz Stärke spaltende Enzyme. Damit wird gewährleistet, dass während des ganzen Herstellungsprozesses die Hefe kontinuierlich Nahrung zur Verfügung gestellt bekommt. Der Teig gärt daher besser und wird optimal aufgelockert.

Da die Hefe kaum den gesamten Zucker benötigt, bleibt ein Rest übrig, der besonders bei Baguette und Brötchen für eine schön krosse und braune Kruste sorgt. Darüber hinaus verbessert Backmalz den Geschmack vieler Brotsorten.

Backmalz selbst gemacht

Backmalz ist nicht ganz einfach zu bekommen. Einige Versandhändler, darunter auch Mühlenbetreiber, die sich auf Mehle und Backzutaten spezialisiert haben, bieten Backmalz zwar an.
Wer im Besitz einer Getreidemühle ist – bei kleinen Portionen tut es auch die Kaffeemühle – kann sich aber auch selbst an die Herstellung von Backmalz machen. Am einfachsten gelingt dies mit Sprießkorngerste.

Für eine Portion sollte man nicht mehr als 200 g Gerste nehmen. Mehr passt nicht in ein normales Keimglas und mehr lässt sich auch nicht auf einem Backblech ausbreiten. Die Körner sollten beim Darren nicht zu dicht gedrängt liegen.

Die Gerste wird in ein Keimgerät oder in ein großes Glas, das mit einem Gazetuch bedeckt ist, gegeben und zunächst zwölf Stunden in Wasser eingeweicht. Danach werden die Körner abgespült und müssen dann noch etwa zwei Tage keimen und zwischendurch etwa alle zwölf Stunden mit Wasser gespült werden.
Sobald das Getreide einen kleinen Keimling, aber noch keinen grünen Spross zeigt, gibt man die Gerstenkeime auf ein Backblech. Bei 160 °C lässt man zunächst die Feuchtigkeit der Keime verdampfen, am besten bei leicht offener Ofentür. Dabei hilft am besten ein Kochlöffel aus Holz, den man in die Tür klemmt.
Nach etwa zehn Minuten sollten Sie die Ofentür schließen und die Körner weitere 20 bis 30 Minuten darren. Dann sollten sie schon ein wenig gebräunt sein. Eventuell riecht es dann auch ein wenig nach Malz. Man kann jetzt ein, zwei Körner probieren. Sie sollten dabei nicht bitter, aber deutlich wie ein ungesüßtes Malzbonbon schmecken. Schmecken die Körner bitter, eignet sich das Malz nicht mehr zum Backen. Ist der charakteristische Malzgeschmack nicht zu schmecken, wurden die Körner noch nicht

lange genug gedarrt. Schmecken sie schön nach Malz, können sie abkühlen und später sehr fein gemahlen werden.

Salz

Selbst professionellen Bäckern scheint es einmal in ihrer Karriere zu passieren: Sie vergessen das Salz. Wem das einmal passiert ist, wird den enttäuschend faden Geschmack bestimmt nicht so leicht vergessen – und künftig darauf achten, dass das Gewürz nicht fehlt. Salz ist aber nicht nur für den Geschmack wichtig. Es trägt auch dazu bei, dass die Gärprozesse gestoppt werden bzw. langsamer ablaufen. Deshalb werden Sie in vielen Rezepten lesen, dass das Salz – gerade bei direkter Teigführung ohne Vorteige – erst zum Schluss zum Teig gegeben wird. Auch Vorteige enthalten meist kein Salz, weil hier die Gärung ja sehr gewünscht ist. Es kann aber durchaus auch passieren, dass durch zu wenig Salz die Gärung der Hefe zu stark wird. Der Teig geht dann sehr schnell sehr stark auf und fällt dann rasch zusammen.

Für das Brotbacken empfehle ich feines Meersalz, das sich gut in den Teig einarbeiten lässt. Grobes Meersalz kommt nur zum Bestreuen einiger Brote und Knabbereien zum Einsatz. Es würde sich im Brotteig nicht optimal auflösen.

Rund ums Kneten und Backen

Faktoren, die das Backergebnis beeinflussen

Die Temperatur

Ein nicht zu unterschätzender Faktor bei der Herstellung von Brot ist die richtige Temperatur. Da Hefe erst bei etwa 28 °C anfängt, optimal zu arbeiten, sollten die Zutaten immer Raumtemperatur haben. Leitungswasser ist mit 14 bis 15 °C zu kalt. Der Teig würde mit derart kaltem Wasser recht lange gehen müssen. Damit der Teig in einer akzeptablen Zeit aufgeht, sollte sich das Wasser lauwarm anfühlen.

Natürlich kann man sich auch den umgekehrten Effekt zunutze machen. Bei Teigen, die man über Nacht in den Kühlschrank gibt, damit sie langsam gehen, nimmt man manchmal kaltes Wasser für den Teig, damit die Gärung verlangsamt abläuft.

Eine langsame Gärung ist auch von Vorteil, wenn Sie morgens Teig ansetzen, aber erst abends backen möchten. Geben Sie kaltes statt lauwarmes Wasser zu, dann verlangsamt sich die Teiggärung. Der Teig ist dann nicht schon nach drei bis vier Stunden backfertig, sondern abends, wenn Sie Zeit zum Backen haben. Ähnlich wie die Wassertemperatur Einfluss auf den Verlauf der Teigbereitung hat, wirkt sich auch die Umgebungstemperatur aus. An warmen Sommertagen können Hefeteige sehr schnell aufgehen. Im Winter, wenn auch die Raumtemperatur in der Küche niedrig ist, benötigen Teige mehr Zeit, bis sie ihr Volumen verdoppelt haben.

Nicht zuletzt beeinflusst die Backtemperatur das Backergebnis. Die Öfen in Bäckereien erreichen meist höhere Temperaturen als Haushaltsbacköfen. Gutes Vorheizen ist eine wesentliche Voraussetzung. Brote, die relativ kurz bei hohen Temperaturen gebacken werden, haben zwar eine schöne, dünne Kruste, sind aber dennoch eher weich. Lange bei mittleren Temperaturen (etwa 180 bis 200 °C) gebackene Brote werden meist – abhängig vom Teig – fester.

Ein „normales" Vollkornbrot mit Schrot muss aber in jedem Fall mindestens rund 93 °C im Inneren erreichen. Nur dann wird gewährleistet, dass sich die Stärke optimal „aufgelöst" hat und eine gute Krume bildet. Da im Teig die Wärme nur sehr langsam von außen nach innen geleitet wird, sollte es bei mindestens 200 °C gebacken werden.

Sie müssen jetzt nicht sklavisch mit dem Thermometer jeden Schritt nachmessen, doch das Wissen um die Bedeutung der Temperatur, das Beobachten des Teiges und die Anpassung an die jeweiligen Bedingungen tragen zum Erfolg beim Brotbacken bei.

Die Luftfeuchtigkeit

Brotbacken ist ein lebendiger Prozess, auf den viele äußere Faktoren Einfluss nehmen. Im Normalfall muss sich kein Hobbybäcker darüber Gedanken machen, doch bei extremen Witterungen wie beispielsweise hoher Luftfeuchtigkeit oder extremer Trockenheit sollte man die Flüssigkeitsmenge, die man dem Teig zufügt, den Gegebenheiten anpassen. So kann es bei sehr trockener Witterung durchaus erforderlich sein, dem Teig noch mehr Wasser zuzufügen. Wie bei allen Faktoren gilt: Beobachten Sie den Teig, lernen Sie ihn kennen. Wer häufig Brot backt, kennt seinen Teig und weiß, wie man mit ihm umzugehen hat. Aufmerksames Beobachten und Notizen, die Sie sich machen, werden aus Ihnen mit der Zeit einen erfahrenen Brotbäcker machen.

Das Kneten

Brotteig muss geknetet werden. Einige wenige Ausnahmen, bei denen der Feuchtigkeitsgehalt sehr hoch ist – wie beispielsweise bei Ciabatta – bestätigen die Regel. Diese Teige können kaum geknetet werden.

Aber warum muss ein Teig mit Weizenmehl überhaupt so lange geknetet werden? Zunächst einmal geht es darum, die Zutaten gleichmäßig im Teig zu verteilen. Doch es passiert noch viel mehr beim Kneten: Das Klebereiweiß (Gluten) ist im Mehl kreuz und quer verteilt, die Stärke ist darin eingelagert. Durch das Kneten erhalten die Eiweißmoleküle eine feste Struktur und der Teig seine Elastizität. Wenn ausreichend geknetet wurde, lässt er sich in Form bringen und erlaubt das Ausdehnen, ohne zu reißen.

Das ist wichtig, damit das durch die Gärung freigesetzte Kohlendioxid den Teig nicht verlässt und das spätere Brot locker und luftig wird. Die Luft und das Kohlendioxid, die beim Gären und Kneten in den Teig gelangen, werden durch die Glutenstränge in kleinen Bläschen festgehalten, aus denen später die Poren der Brotkrume werden. Dies ist nur eine Kurzfassung der Vorgänge im Teig. Sie reicht aber völlig aus, um sich bewusst zu werden, welche Rolle ordentliches Kneten spielt.

Heutzutage kann man beim Kneten auf die Hilfe einer Küchenmaschine oder eines Brotbackautomaten zurückgreifen. Nehmen lassen sollte man sich dieses sinnliche Erlebnis allerdings nicht. Übernimmt das Kneten die Küchenmaschine, sollte man darauf achten, dass der Teig nicht „überknetet" wird, denn dann zerfällt das schöne Glutengebilde wieder, die Proteinstränge zerreißen und der Teig verliert seine Elastizität. Bei handgeknetetem Teig passiert dies nicht so leicht.

Das Kneten von Weizenmehlbroten gestaltet sich durch das vorhandene Weizengluten recht einfach, weil der Teig sehr rasch eine Kugel bildet, die sich gut kneten lässt. Roggenteige lassen sich meist weniger gut kneten. Sie sind eher zäh fließend. Bei glutenfreien Broten ist lediglich gutes Verkneten der Zutaten wichtig. Ausdauerndes Kneten wie bei Weizenbroten entfällt.

Ruhen und gehen lassen – und immer wieder kneten

Nichts ist beim Hefeteig so wichtig wie gehen und ruhen lassen. Nach dem Zusammenkneten der Zutaten lässt man Hefeteig 15 bis 30 Minuten ruhen. In dieser Zeit fängt die Hefe langsam an, die ihr zur Verfügung gestellten Kohlenhydrate umzusetzen. Dabei entstehen Alkohol und Kohlendioxid. Wäre der Teig eine Flüssigkeit, würde das Kohlendioxid in kleinen Bläschen an die Oberfläche steigen, die Bläschen würden platzen und das Kohlendioxid würde entweichen. Im Brotteig kann das Kohlendioxid nicht entweichen. Es wird in Bläschen festgehalten und der Teig geht dadurch auf.

Nach diesem ersten Gehen wird empfohlen, das Gas aus dem Teig entweichen zu lassen. Zu viel Kohlendioxid beeinträchtigt die

Gärung und die Bildung von Aromastoffen. Dieses „Entgasen“ könnte man einfach dadurch erzielen, dass man die Teigkugel ordentlich auf die Arbeitsplatte schlägt und herzhaft seine aufgestauten Emotionen an dem Teig entlädt. Es gibt allerdings eine edlere Methode, die dazu auch noch dem Brot zugute kommt: das Falten und Strecken. Bei dieser Knetmethode wird der Teig leicht ausgebreitet, dann wird eine Seite zur Hälfte eingefaltet, anschließend die andere Seite darübergelegt. Dieser Vorgang des Faltens und Ausbreitens wird mehrmals wiederholt.

Überschüssiges Kohlendioxid wird so entfernt, gleichzeitig verteilt sich die Temperatur im Teig gleichmäßig und die Eiweißstränge werden gedehnt und wieder „in Form“ gebracht. Der Teig wird durch wiederholtes Strecken und Zusammenfalten fester. Nach weiteren Geh-Zyklen, in denen der Teig immer wieder erneut zusammengefaltet und gestreckt wird, kann der Teig dann in seine endgültige Form gebracht werden. Das Formen erfordert ein wenig Routine, bis der Teig irgendwann wie von Geisterhand in die gewünschte Form gebracht wird. Elementar ist dabei das Drehen von Kugeln, die letztlich die Ausgangsform für die verschiedenen Brote sind.

Kurze Randbemerkung: In Frankreich wird der Bäcker wegen der berufscharakteristischen Tätigkeit des Kugelformens kurzerhand „Kugeldreher“ („Boulanger“) genannt.

Um eine perfekte Kugel zu formen, kneten Sie zunächst einmal den Teig mit einer Hand. Dann drücken Sie den Teig etwas platt und schlagen die Teigränder nach innen (unten) ein. Indem Sie immer wieder den Teig nach außen dehnen und nach innen einschlagen, erhalten Sie eine runde Kugel. Setzen Sie nun die Kugel auf die Arbeitsfläche und rollen sie, so dass die untere Naht der Kugel glatter wird. Zum Schluss können Sie diese Naht zwischen zwei Fingern zusammendrücken, so dass die Kugel fast glatt ist. Aus dieser Form lassen sich dann alle anderen Formen entwickeln.

Bei Baguettebroten kann es eine Weile dauern, bis Sie den Bogen raus haben, wirklich dünne, lange Baguettes zu formen. Durch das Klebereiweiß sind die Teigstränge extrem elastisch und ziehen sich gern in ihre ursprüngliche Form zurück. Da hilft nur kontinuierliches Rollen und sanftes Dehnen. Auf keinen Fall sollten Sie die Stränge in die Länge reißen. Hat das Baguette die gewünschte Form erreicht, lassen Sie es ein paar Minuten liegen, damit der Teig die Möglichkeit hat, sich zu entspannen.

Das Einschneiden

Die meisten Brote werden vor dem Backen eingeschnitten. Das hat nicht nur optische Gründe. Durch das gleichmäßige Einschneiden wird dem Brot die Möglichkeit gegeben, im Ofen gleichmäßig aufzugehen. Eingeschnittene Brote entwickeln in der Regel ein größeres Volumen als Brote, die man ohne Einschnitte in den Ofen schiebt. Der Bäcker hat mit gut gesetzten Schnitten die Möglichkeit, die endgültige Form des Brotes zu beeinflussen.

Das Einschneiden erfordert ein wenig Übung. Am besten haben sich zum Einschneiden Rasierklingen bewährt. Die Schnitte sollten gleichmäßig und recht zügig gesetzt werden. Dabei ist es wichtig, dass man nicht genau senkrecht in den Teig schneidet, sondern in einem Winkel von etwa 30°.

Mit der Zeit werden Sie Ihre eigene Einschnitttechnik entwickeln und Ihren Broten eine eigene Handschrift verpassen. Lassen Sie Ihrer Phantasie freien Lauf und trauen Sie sich, auch einmal ungewöhnliche Schnitte und Muster zu setzen.

Der Wasserdampf

Wird das Brot in den Ofen eingeschoben, verliert es an der Oberfläche recht schnell an Feuchtigkeit. So kann es passieren, dass sich zu schnell eine Kruste bildet und das Brot dann nicht mehr so gut aufgehen kann. Außerdem könnte es unkontrolliert einreißen.

Am schnellsten erzeugen Sie Wasserdampf, indem Sie eine Tasse heißes Wasser in den Ofen geben. Am besten schütten Sie das Wasser in eine Fettpfanne, die Sie mit in den Ofen schieben. Wenn Sie einen Backstein auf der mittleren Schiene verwenden, schieben Sie die Fettpfanne eine Etage tiefer. Zusätzlich können Sie die Ofenwände noch mit Wasser besprühen.

Durch das Wasser bleibt das Brot etwas länger feucht und hat die Möglichkeit, noch weiter zu gehen, an Volumen zuzunehmen und erst dann eine feine, knusprige Kruste zu entwickeln. Bei Brot, das zuvor nicht richtig aufgegangen ist, haben Sie dadurch zusätzlich die Möglichkeit, die Aufgehzeit zu verlängern. Bäcker nennen die Methode „Schwaden“.

Der Wasserdampf sorgt zudem für eine schöne, goldbraune Farbe der Kruste. Ohne Dampf hat das Brot später eine blassere Kruste, die nicht ganz so intensiv schmeckt.

Damit die Kruste am Schluss auch schön knusprig wird, sollte eventuell noch im Ofen vorhandene Feuchtigkeit abziehen können. Wer auf Nummer Sicher gehen will, kann die Ofentür mit Hilfe eines Holzlöffels in den letzten zehn Minuten leicht geöffnet halten. Restfeuchtigkeit kann so aus dem Ofenraum entweichen.

Hauptsächlich bei süßen Broten und Brötchen, die mit Milch oder Eigelb bestrichen werden, kann zusätzliches Besprühen mit Wasser entfallen, weil die Teigoberfläche feucht genug ist.

Aber viel hilft nicht immer viel! Wenn zu viel Wasserdampf entsteht, kann es sein, dass das Brot flach wird und die Einschnitte im Brot nicht aufspringen. Vor allem wenn Sie einen Ofen haben, bei dem der Dampf nach Programmwahl eigenständig entsteht, sollten Sie Ihr Brot gut im Auge behalten!

Was die Kruste glänzen lässt

Das Auge isst bekanntlich mit. Brot, das nicht nur verführerisch duftet, sondern auch rein äußerlich nicht mit Reizen geizt, ist unwiderstehlich. Ob das Brot glänzt oder mit matter rustikaler Kruste daherkommt, ist letztlich Geschmackssache. Wie die Kruste aussieht, haben Sie mit ein wenig Übung in der Hand.

Eine glänzende Kruste entsteht, wenn die Stärke auf der Teigoberfläche mit Wasser aufquillt und zunächst etwas gelatineartig wird. Im Grunde entsteht eine Art Mehlkleister. Im Verlauf des weiteren Backens bildet sich dann der typische Brotglanz, das Wasser verdampft und die Kruste wird knusprig. Man erzielt diese Kruste durch Wasserdampf in der ersten Backphase und das Einsprühen des Brotes mit Wasser. Das sollte vollkommen ausreichen. Manche Bäcker schwören darauf, das Brot erst nach dem Backen mit Wasser einzupinseln, andere wiederum vertrauen nicht auf die Stärke, die ohnehin auf der Brotoberfläche ist. Sie mixen aus Stärke und wenig Wasser einen Kleister und bestreichen das Brot sofort nach dem Backen damit.

Man kann dunkle Brote auch vor dem Backen mit ein wenig kaltem Kaffee bestreichen. Die Kruste bräunt dann sehr schön dunkel, ohne verbrannt auszusehen und bekommt ebenfalls einen schönen Glanz. Welche Methode die Beste ist, muss jeder für sich selbst entscheiden. Auch Brot mit matter Kruste hat seinen Charme.

Nützliche Hilfsmittel

Wer häufiger Brot backt, wird schnell merken, dass man sich mit einigen wenigen Utensilien die Arbeit ungemein erleichtern kann. Ein **Teigschaber** oder eine **Teigkarte** leisten gute Dienste beim Herausholen des Teiges aus der Rührschüssel oder beim Abtrennen bzw. Zerteilen des Teiges.

In einigen Rezepten taucht immer wieder die Anweisung auf, die Wände des Backofens mit Wasser zu besprühen oder das Brot mit Wasser einzunebeln. Dazu eignet sich ein normaler **Pflanzensprüher** am besten, der natürlich ausschließlich zum Brotbacken verwendet wird. Auch ein **Ölsprüher** ist nützlich, um den ruhenden Teig durch leichtes Einölen vor dem Austrocknen zu bewahren. Mit einem Sprüher geht es einfacher und hygienischer als mit einem Pinsel oder einem Stück Küchenkrepp.

Waage

Wie auch beim Backen von Kuchen und Gebäck kommt es beim Brotbacken auf exakte Mengen und das richtige Verhältnis von Mehl zu Wasser an. Eine Waage hilft, die Mengen exakt zu bestimmen. Messbecher sind zwar Hilfsmittel, aber nie genau.

Messlöffel

Bei vielen Rezepten werden Zutaten ess- oder teelöffelweise benötigt. Wer beispielsweise Trockenhefe oder Salz nicht mit der Waage wiegen kann, weil deren Einteilung zu grob ist, ist mit Messlöffeln, die im Handel erhältlich sind, gut bedient. Meist kommen sie im Verbund von vier Löffeln daher: ein genormter Esslöffel mit 15 ml Inhalt, ein Teelöffel mit 5 ml Inhalt, ein halber Teelöffel (2,5 ml) sowie ein viertel Teelöffel (1,25 ml). Damit lassen sich Mengenangaben wie „3/4 TL Trockenhefe" sehr genau abmessen.

Getreidemühle

Früher galt: Wer sich ernsthaft mit dem Brotbacken beschäftigen will, kommt um die Anschaffung einer Getreidemühle nicht herum. Heute gibt es aber ein sehr gutes, dichtes Versorgungsnetz von Reformhäusern, Naturkostläden und Hofläden, in denen man meist gern bereit ist, das Getreide frisch zu mahlen. Wer über lange Zeit viel backt, wird allerdings schon aus Bequemlichkeit nicht ohne eine Getreidemühle backen wollen.

Vor der Anschaffung einer Getreidemühle sollte man sich gründlich und kompetent beraten lassen. So steht man nicht nur vor der Entscheidung, ob man eine Mühle mit Stahl- oder Steinmahlwerk nimmt, sondern auch, wie laut die Mühle sein darf, wie viel Mehl sie innerhalb eines bestimmten Zeitraumes vermahlen soll und wie stark das Getreide beim Mahlvorgang erhitzt wird. Manche Getreidemühlen sind außerdem in der Lage, auch Ölsaaten wie Mohn oder Leinsamen zu mahlen bzw. zu schroten. Motorleistung und Qualität des Mahlwerkes entscheiden darüber hinaus über den Preis, der bei Getreidemühlen ganz erheblich schwanken kann. Auch der Platzbedarf sollte in die Überlegungen mit aufgenommen werden. Denn nicht jeder verfügt über genügend Stellfläche in der Küche. Falls Sie eine Küchenmaschine haben, können Sie sich auch erkundigen, ob diese mit einer Getreidemühle nachgerüstet werden kann.

Backstein und Brotschieber

Brot wird idealerweise auf einem Backstein gebacken. Dabei handelt es sich um einen doppelt gebrannten Ton, die so genannte Schamotte. Backsteine sind fertig zugeschnitten bei Ofenbauern erhältlich, inzwischen auch über das Internet. Gut zum Brotbacken sind Backsteine von 3 cm Dicke. Im Handel sind manchmal dünnere Steine erhältlich, die speziell für Pizza gedacht sind. Da Brote meist viel dicker sind als Pizza, können die dünnen Steine Brote nicht ganz so optimal und gleichmäßig mit Wärme versorgen.

Der Backstein eignet sich besonders gut zum Brotbacken, weil er die Hitze optimal speichert und gleichmäßig an das Brot abgibt. Während des Backens entzieht der Stein dem Brot von unten Feuchtigkeit, so dass das Brot auch am Boden knusprig wird – ein Effekt, den man schon lange bei Pizza, Flammkuchen und Co. schätzt.

Der Backstein sollte so groß sein, dass er ein ganzes Backblech abdeckt. Nur so können auch große Brotlaibe auf dem Backstein Platz finden. Im Elektroofen platziert man den Backstein am besten auf dem Backofenrost in der mittleren Schiene. Bei einem Gasofen kann der Backstein auf dem Ofenboden liegen. Der Vorteil: Sie können den Stein auch im Ofen lassen, wenn Sie gerade kein Brot backen.

Schamottesteine sind sehr empfindlich. Leicht springen Splitter ab, wenn man den Stein häufig aus dem Ofen holt und zum Aufbewahren irgendwo abstellt. Der Funktionalität schadet das aber nicht. Gereinigt werden die Steine trocken mit einer Bürste, beispielsweise der Bürste, mit der man auch Gärkörbe reinigt. Neben den Schamottesteinen gibt es natürlich auch Backsteine aus Keramik, die spezielle Ofenhersteller auf ihre Modelle abgestimmt anbieten. Diese Modelle sind häufig glasiert und leicht zu reinigen.

Wer sich einen Backstein anschafft, benötigt in jedem Fall einen Brotschieber aus Holz. Da der Backstein sehr schwer und heiß ist, kann man ihn nicht einfach herausziehen und das Brot drauflegen. Dabei würde außerdem viel Hitze verloren gehen, die gerade zu Beginn des Backvorgangs sehr wichtig ist. Mit dem Brotschieber, einem Holzbrett, das mit einem langen Stiel versehen ist, kann das Brot in den Ofen „eingeschossen" und wieder herausgeholt werden. Die Vorderkante des Schiebers ist abgeflacht, so dass der geformte Laib gut aufgenommen werden kann.

Gärkörbe

Gärkörbe gehören zu den Hilfsmitteln, die nicht unbedingt notwendig sind, das Backen aber angenehmer machen. Sie können Ihr Brot auch auf einem Backblech oder Holzbrett gehen lassen. Lässt man den Teig allerdings im Gärkorb gehen, behält er seine Form besser, geht nicht so stark in die Breite oder läuft gar auseinander. Gegenüber einer normalen Glas-, Keramik oder Plastikschüssel haben Gärkörbe den Vorteil, dass sie dem Teig erlauben zu atmen.

Es gibt verschiedene Arten von Gärkörben. Klassische Körbe werden aus gedrehtem Peddigrohr gefertigt, es gibt aber auch Formen aus Stroh, aus Holzschliff und mittlerweile auch aus Kunststoff. Ich bevorzuge die Formen aus Peddigrohr, weil ich das Muster, das sie auf dem Brot hinterlassen, mag. In welchem Gärkorb man seine Brote gehen lässt, ist ein Stück weit Geschmacks- und Erfahrungssache. Gärkörbe gibt es in gut sortierten Küchenzubehörläden.

Der vorgeformte Brotlaib wird mit der Unterseite nach oben in den gut bemehlten Gärkorb gegeben und abgedeckt. Nachdem der Teig ausreichend gegangen ist, wird das Brot entweder vorsichtig direkt auf das Backblech oder auf einen Brotschieber gestürzt. Durch das Mehl, mit dem der Gärkorb ausgestreut wurde, entstehen zusätzliche Muster auf dem Brot.

Gärkörbe sollten regelmäßig gereinigt werden. Dazu werden die Körbe zunächst ausgeklopft und dann in den Ofen gestellt, wenn er noch eine Restwärme von etwa 120 bis 140 °C hat. Dabei werden Bakterien und Schimmelsporen zuverlässig abgetötet. Überschüssiges Mehl lässt sich dann mit einer Bürste (z. B. Gemüsebürste oder spezielle Bürste für Gärkörbe) leicht herausbürsten. Gebrauchte Gärkörbe sollte man nie im feuchten

Zustand stapeln, weil dies die Bildung von Schimmel begünstigt. Auch wenn es bei dem Material selbstverständlich sein sollte: Gärkörbe eignen sich nicht als Brotbackform!

Küchenmaschine

In vielen Haushalten steht heutzutage eine Küchenmaschine. Sie kann beim Brotbacken viel Arbeit abnehmen. Schwere Teige mit viel Schrotmehl und hohem Roggenanteil lassen sich bequem mit einer Küchenmaschine bearbeiten. Welche Teigmengen eine Küchemaschine verarbeiten kann, ist vom Typ der Maschine und von der Größe der Rührschüssel abhängig. Beachten Sie auf jeden Fall die Gebrauchsanleitung und muten Sie Ihrer Maschine nicht zu viel zu – es könnte das Aus für den Motor bedeuten!

Vorsichtig sollten Sie beim Kneten von Weizenteig sein. Er muss zwar ausreichend lange bearbeitet werden, damit der Teig elastisch wird und die Brotkrume nach dem Backen schön locker und porös ist. Mit einer Küchenmaschine kann die optimale Knetzeit aber leicht überschritten werden.

Brotbackautomat

Das Brotbacken hat durch die Erfindung des Brotbackautomaten eine Renaissance erlebt. Ohne viel Zutun vermischt der Automat die Zutaten, knetet sie und sorgt dafür, dass der Teigling bei optimaler Temperatur gehen kann. Zum Schluss backt er das Brot, so dass man selbst nicht mehr machen muss, als die Zutaten hineinzufüllen und das fertige Brot hinterher herauszuholen. Der Handel bietet bereits viele fertige Mischungen an, die auf die Mengen zugeschnitten sind, die der Backautomat verarbeiten kann. Der Nachteil der Maschinen: Die Brote haben immer die gleiche Form und Größe, immer ein Loch in der Mitte und lassen schöne Krusten vermissen. Hinzu kommt, dass das Brotbacken eine Menge an Sinnlichkeit einbüßt und auch der Brotduft nicht in gleichem Maße vom Automaten verströmt wird.

Sie können aber beispielsweise den Brotbackautomaten zum Teigbereiten nutzen, ihn in dem Behälter auch gehen lassen und das Brot dann im Ofen backen. Wenn Sie Brote aus diesem Buch mit Ihrem Backautomaten herstellen möchten, müssen Sie die Mengen neu berechnen, damit der Automat nicht überquillt. Denn richtig schöne, große Brotlaibe oder knusprige Baguettestangen wird man mit dem Brotbackautomaten nie backen können.

Spezielle Brotbackformen

Im Handel sind diverse Brotbackformen erhältlich, meist dekorativ aus Keramik. Es ist Geschmackssache, ob man lieber mit Backformen backt oder direkt auf dem Backstein bzw. dem Backblech. Beim Backen in einer Form kann an den Seiten und am Boden allerdings keine Feuchtigkeit entweichen, so dass die Kruste an diesen Stellen weich bleibt.

Für Baguettes gibt es speziell perforierte Bleche mit Aushöhlungen für zwei, drei oder mehr Baguettes. Mit diesen Baguetteformen bleibt der Teig in Form und die Brote werden schön knusprig. Sie sind zu empfehlen, wenn Sie häufig Baguettes backen und keinen Backstein verwenden. Da die Baguetteform am Boden durchgehend perforiert ist, kann Feuchtigkeit, ähnlich wie beim Backstein, entweichen und die Brote bekommen so eine gute Kruste.

Rasierklingen

Das Einschneiden des Brotes erfordert ein wenig Fingerspitzengefühl und eine scharfe Klinge. Die meisten herkömmlichen Messer sind dafür zu dick. Ideal zum Einschneiden sind Rasierklingen. Wer Angst hat, die Rasierklinge zwischen den Fingern zu führen, kann die Klinge auch an einem Holzstäbchen (Schaschlikspieß) befestigen. Die Spitze des Stäbchens wird dazu durch die Öffnungen der Rasierklinge geschoben.

Frischhaltefolie

Beim Brotbacken hat Frischhaltefolie viele Vorteile: Zum einen soll die Teigoberfläche während des Gehens nicht austrocknen. Ein Handtuch allein reicht da nicht, es müsste schon ein feuchtes sein, zusätzlich mit einem Teller abgedeckt, damit das Tuch nicht austrocknet. Wenn der Teig sehr hoch geht, bleibt er sowohl am Tuch als auch an der Folie kleben. Das Tuch muss hinterher ausgekocht werden (separat, ohne Waschpulver), Folie kann weggeworfen werden. Es steht natürlich jedem frei, sich für die Abdeckung seiner Wahl zu entscheiden. Eine Alternative könnten Abdeckhauben aus Silikon sein, sie sind leicht zu reinigen und immer wieder verwendbar.

Brotfehler und ihre Ursachen

Der Teig geht nicht auf

Wenn der Teig nicht aufgehen will, kann das mehrere Ursachen haben:

- Die Hefe war zu alt und nicht mehr triebfähig.
- Es ist zu viel Salz im Teig, der Gärprozess wurde dadurch behindert.
- Die Temperatur der Zutaten oder die Umgebungstemperatur war zu niedrig.

Bedenken Sie, dass schwere Vollkornbrote meist weniger stark gehen als leichte Brote wie Ciabatta oder Baguette.

Der Teig geht zu stark auf

Auch eine zu starke Gärung kann mehrere Ursachen haben:

- Das Salz wurde vergessen, die Hefe konnte sich ungehindert vermehren. Das führt zudem dazu, dass die Hefe im fertigen Brot stark hervorschmeckt.
- Der Teig enthielt zu viel Hefe.
- Der Teig enthielt zu viel Wasser.
- Das Mehl war zu fein gemahlen. Sehr fein gemahlene Mehle benötigen weniger Hefe.
- Der Vorteig wurde mit zu viel Vollrohrzucker oder Honig angesetzt, die Hefe vermehrte sich überdurchschnittlich schnell und stark.

Das fertige Brot ist hart

- Kombiniert mit sehr dichter Krume: Das Brot ist nicht genügend aufgegangen. Möglicherweise waren die Ruhezeiten zu kurz oder die Zimmertemperatur zu niedrig.
- In Verbindung mit dunkler, fast verbrannter Kruste: Das Brot wurde zu lange gebacken.
- Das verwendete Wasser war zu kalt oder zu warm, so dass die Hefe nicht richtig arbeiten konnte.
- Die Hefemenge war nicht ausreichend.
- Das Brot enthält zu viel Salz, die Triebfähigkeit wurde zu stark eingeschränkt.
- Die verwendete Hefe oder der Sauerteig war alt.

Das Brot schmeckt fade

Passiert wohl jedem Bäcker einmal: Das Salz wurde vergessen. Besonders häufig kommt das vor, wenn das Salz nicht sofort mit den anderen Zutaten in die Schüssel kommt, sondern erst nach einer kurzen Gärpause eingeknetet wird. Am besten Sie hängen für das nächste Mal einen Merkzettel „Salz nicht vergessen“ an die Teigschüssel.

Das Brot reißt trotz Einschneiden auf

Das Einreißen des Brotes beim Backen passiert hauptsächlich dann, wenn der Teig zuvor nicht ausreichend gegangen ist. Dem Geschmack schadet das nicht, und beim Aussehen scheiden sich die Geister. Manchem Brotbäcker erscheint das rustikale Einreißen des Brotes als erwünscht, dem anderen erscheint es als Makel und Beweis, dass man etwas falsch gemacht hat.

Das Brot ist krümelig

In den meisten Fällen wurde das Brot nicht lange genug geknetet und das feine Eiweißnetz konnte sich nicht optimal ausbilden. Es könnte aber auch sein, dass der Teig im Gegenteil überknetet (mit der Küchenmaschine) wurde. Dadurch werden die Eiweißstränge wieder zerstört.

Die Brotkrume hat Hohlräume

Wenn die Brotkrume Hohlräume hat, kann dies folgende Ursachen haben:

- Der Teig wurde zu kurz oder zu nachlässig geknetet.
- Der Teig war zu feucht.
- Zum Teig wurde ein Brühstück hinzugegeben und dessen Gewichtsanteil war zu hoch.

Das Brot ist klebrig

Mögliche Ursachen:

- Das Brot wurde nicht lange genug gebacken.
- Der Teig enthielt zu viel Flüssigkeit.

Das Brot fällt beim Backen zusammen

Prüfen Sie, ob eine dieser Ursachen dahintersteckt:

- Die Gärzeit des Teiges war zu lang.
- Der Ofen wurde vor allem zu Beginn der Backzeit zu häufig und zu lange geöffnet.
- Der Teig enthielt zu viel Flüssigkeit. Das passiert besonders gern, wenn man Teigmengen neu berechnet und die Wassermenge nicht korrekt umrechnet.

Das Brot lässt sich nicht schneiden

Auch wenn's schwer fällt: Ofenfrisches Brot sollte ein wenig auskühlen, dann lässt es sich besser schneiden. Das gilt besonders für große, schwere Brote mit hohem Roggenanteil.

Brot aufbewahren und frisch halten

Um es gleich vorwegzunehmen: Brot schmeckt – bis auf wenige Ausnahmen – frisch am besten. Das gilt insbesondere für Hefebrote mit einem hohen Weizenanteil wie Baguette, Ciabatta, Fladenbrot oder Foccacia. Diese Brote sollten am gleichen Tag gegessen werden und zwar am besten innerhalb weniger Stunden nach dem Backen. Sie können zwar ein bis zwei Tage gelagert werden, schmecken dann aber einfach nicht mehr so gut.

Brote mit einem Roggenmehlanteil eignen sich besser zur Vorratshaltung. Je höher der Roggenanteil ist, desto länger bleiben die Laibe frisch. Auch das verwendete Triebmittel hat einen Einfluss auf die Haltbarkeit: Hefebrote altern schneller als Sauerteigbrote. So lassen sich Roggenbrote aus Sauerteig gut eine Woche frisch halten, Roggenmischbrot etwa fünf und Weizenmischbrot etwa drei Tage.

Wenn Sie gerne auf Vorrat backen, lohnt es sich, das Brot einzufrieren. In Gefrierbeutel oder Folie luftdicht verpackt, hält sich Brot drei bis vier Monate. Beim Einfrieren sollte darauf geachtet werden, dass das Brot möglichst schnell unter –15 bis –18 °C gekühlt wird.

Eingefrorenes Brot sollte am besten über Nacht bei Raumtemperatur auftauen. Zum Auffrischen kann das Brot dann leicht mit Wasser besprüht werden und dann für fünf bis acht Minuten bei 180 bis 200 °C im Backofen erhitzt werden. Brotscheiben können nach dem Auftauen auch gut getoastet werden. Erneutes Einfrieren sollten Sie aber unbedingt vermeiden!

Baguette, das morgens gebacken wurde, kann abends ebenfalls durch kurzes Ansprühen mit Wasser und Aufbacken im Ofen wieder aufgefrischt werden.

Was passiert, wenn ein Brot altert und „altbacken“ wird? Die Stärkemoleküle im Brot fangen nach dem Backen langsam wieder an, Kristalle zu bilden. Für diese Kristallstruktur benötigt die Stärke Wasser, das sie dem Brot entzieht. Deshalb ist altbackenes Brot auch immer trocken. Die ehemals knusprige Kruste wiederum zieht aus der Umgebung Luftfeuchtigkeit und wird weich und zäh. Das Brot ist dann zwar noch genießbar, hat aber deutlich an Attraktivität eingebüßt. Altes Brot wird hart, duftet nicht mehr intensiv nach Brot, verliert an Gewicht und schmeckt „altbacken".

Die Größe des Brotes beeinflusst die Haltbarkeit bzw. die Frische des Brotes. Große Brote bleiben länger frisch als kleine Brote, runde bleiben länger haltbar als längliche. Auch die Luftfeuchtigkeit der Umgebungsluft hat Einfluss auf die Haltbarkeit. Ist die Luft zu trocken, trocknet das Brot schneller aus. Ist die Luftfeuchtigkeit zu hoch, begünstigt dies die Bildung von Schimmel. Brot sollte man deshalb nicht zu trocken, nicht zu feucht, zu warm oder kalt lagern. Auf keinen Fall sollte es in Plastik aufbewahrt werden, dort erstickt es wortwörtlich und die Kruste wird weich und schwammig. Gut eignen sich spezielle Brotkästen, Brottöpfe oder Brotbeutel aus Stoff. So aufbewahrt, hat das Brot noch genügend Luft zum Atmen.

Die Brotkästen oder Brottöpfe sollten von Zeit zu Zeit mit einem in Essigwasser getränkten Lappen ausgewischt werden, um Schimmelbefall vorzubeugen. Krümel und kleine Reste sollten sorgfältig entfernt werden, sie werden schnell schimmlig.

Brotbeutel sollten regelmäßig in kochend heißem Wasser ausgewaschen und kurz durch Essigwasser gezogen werden. Verzichten sollte man beim Waschen der Brotbeutel auf Seife oder Waschpulver. Die Duftstoffe übertragen sich eventuell auf das Brot.

Der Kühlschrank ist zur Brotaufbewahrung denkbar ungeeignet. Bei niedrigen Temperaturen wird nämlich die Kristallbildung der Stärkemoleküle im Brot beschleunigt. Die Folge: Das Brot altert schneller. Brote mit einem hohen Weizenanteil, z. B. Toastbrot, können in Ausnahmefällen gut verpackt im Kühlschrank lagern. Roggenbrote vertragen die Kühlschranktemperaturen dagegen gar nicht.

Knäckebrot sollte nicht mit frischem Brot zusammen gelagert werden und möglichst luftdicht verpackt aufbewahrt werden.

Resteverwertung

Altbackenes Brot ist zum Wegwerfen zu schade. Selbst Ciabatta lässt sich prima auftoasten oder wird mit Olivenöl, frischen Tomaten und Knoblauch als Bruschetta noch zu einer wahren Delikatesse. Aus nicht mehr ganz frischen Baguettes, Toastbroten und Brötchen lassen sich Croûtons auf Vorrat herstellen, die bei Bedarf mit ein wenig Öl oder Butter knusprig aufgeröstet werden oder in Knödelteigen zu neuen Ehren kommen.

Aus altem Baguette oder Ciabatta, alten Brötchen oder Toastbrot lässt sich zudem hervorragend Paniermehl herstellen.

Klassiker auf dem Gebiet der Resteverwertung von altbackenem Weizenbrot sind „Arme Ritter"! Dazu werden Eier mit Milch verquirlt. Die altbackenen Brotscheiben werden in die Eiermilch gegeben. Wenn sie sich schön vollgesogen haben, werden die Brotscheiben in einer Pfanne mit ein wenig Butter knusprig gebacken und mit etwas Vollrohrzucker bestreut. „Arme Ritter" funktioniert übrigens auch mit Roggen- oder Schwarzbrot!

Grundrezepte

Hefevorteig

Bei verschiedenen Rezepten in diesem Buch werden Sie bemerken, dass die Zubereitungszeit inklusive der Gärzeiten bis zu zwei Tage in Anspruch nehmen kann. Zunächst wird ein Vorteig hergestellt, der längere Zeit ruhen muss. Die Brote werden nicht „direkt geführt", sondern über mehrere Stufen zubereitet. Ganz schön umständlich und nervig, mag mancher da denken. Warum braucht man denn überhaupt einen Vorteig? Zweifelsohne eine berechtigte Frage. Doch wer sich an Rezepte mit Vorteigen wagt, wird die Antwort schnell „erschmecken". Die verlängerten Gärzeiten verhelfen zu einem besseren Aroma und einer besonders lockeren Krume. Die im Teig vorhandenen Mikroorganismen haben viel mehr Zeit, ihre Arbeit zu tun und Aromastoffe zu produzieren. Am eindrucksvollsten kann man das bei Baguette beobachten. Baguettebrote und -brötchen sind lockerer und schmecken besser, wenn sie mit Vorteigen zubereitet werden, als direkt geführte Weizenbrote und -brötchen.

Darüber hinaus kommen Brote, die mit Vorteigen zubereitet werden und so eine verlängerte Ruhezeit haben, mit wesentlich weniger Hefe aus als schnell gemachte Brote. Wer Hefeteige sonst nicht gut verträgt, empfindet Brote mit Vorteigen deshalb oft als bekömmlicher. Die Brote schmecken außerdem im Gegensatz zu vielen Hefegebäcken fast gar nicht nach Hefe.

Mit ein paar Tricks kann die Zubereitungszeit verkürzt oder der Arbeitsablauf so organisiert werden, dass er in den Tagesplan passt:

- Bei Baguette und Ciabatta bietet es sich an, etwas fertigen Teig aufzubewahren und diesen als Startteig für das nächste Brot zu verwenden.
- Den Vorteig kann man im Kühlschrank ein paar Tage lagern, erfahrungsgemäß aber nicht länger als eine Woche. Je länger er aufbewahrt wird, desto stärker verändert sich das Aroma. Der Vorteig riecht dann sehr streng. Bevor er weiterverarbeitet wird, sollte er rechtzeitig wieder ins Warme kommen.

- Vorteige lassen sich auch problemlos einfrieren. So lässt sich die Zubereitungszeit verschiedener Brote erheblich verkürzen. Zum Auftauen benötigt der Teig rund drei Stunden und ist dann bereit, weiterverarbeitet zu werden.

Halten Sie immer etwas Vorteig von Ihren Lieblingsrezepten auf Vorrat, dann können Sie in kürzerer Zeit und etwas spontaner mit dem Backen loslegen.

Die Herstellung des Vorteigs wird in den einzelnen Rezepten beschrieben und die Zutatenmenge auf das jeweilige Rezept zugeschnitten.

Roggensauerteig

Der einfachste Sauerteig wird einfach aus Roggenschrot und Wasser hergestellt. Bleibt er an einem warmen Ort stehen, beginnt er nach einigen Stunden spontan zu gären. Wildhefen und Bakterien, die über das Mehl und die Raumluft in den Teig gelangen, sorgen für lebhaftes Treiben des Teiges und für die Bildung von Milch- und Essigsäure.

Bis man einen Roggensauerteigansatz erhält, der zu Brotteig weiterverarbeitet werden kann, dauert es etwa vier bis fünf Tage. Wer nicht so lange warten will, kann auf fertigen, trockenen oder flüssigen Sauerteig zurückgreifen, den es mittlerweile nicht nur in Reformhäusern oder Naturkostläden, sondern auch in gut sortierten Supermärkten zu kaufen gibt.

Wer viel Brot backt, wird den eigenen, selbst kultivierten Sauerteigvorrat schätzen – man muss ihn nicht extra auf die Einkaufsliste setzen und spart so zusätzlich auch noch Geld. Der Sauerteig hält sich lange und kommt auch mal längere Zeit ohne Fütterung aus.

Ist der Sauerteig einmal angesetzt, pflanzt er sich immer weiter fort: Vor der Teigherstellung werden einfach zwei bis drei Esslöffel Sauerteig als Starter für den nächsten Ansatz abgezweigt. Bis das nächste Brot damit gebacken wird, kann der Sauerteig für einige Tage in einem Schraubglas im Kühlschrank aufbewahrt oder in der Tiefkühltruhe eingefroren werden. Sie können den Sauerteig aber auch trocknen. Dazu sollten aber wiederum zwei, drei Tage eingeplant werden. Streichen Sie den Sauerteig hauchdünn auf ein mit Frischhaltefolie ausgelegtes Brett oder Backblech und lassen Sie ihn trocknen, bis keine feuchten Stellen mehr zu erkennen sind. Den getrockneten Sauerteig können Sie dann von der Folie abziehen. Er zerfällt dabei von selbst in kleine Stückchen, die Sie dann im Mörser noch zusätzlich zermahlen können. Getrockneter Sauerteig ist mindestens sechs Monate haltbar.

Auch Fertigsauerteige können häufig weitergeführt werden, d. h. ein Teil des daraus hergestellten Sauerteiges wird abgenommen und kann dann ebenfalls längere Zeit im Kühlschrank gelagert und bei Bedarf wieder angefüttert werden. Das verschweigen die Hersteller zwar gern, doch es funktioniert in vielen Fällen. Wichtig ist dabei die eigene Erfahrung, denn das Weiterführen von gekauftem, flüssigem Sauerteig funktioniert nicht mit allen Sorten, da einige nur dazu gedacht sind, den Teig zu säuern, getrieben wird der Teig dann durch Zusetzen von Hefe.

Roggensauerteig selbst kultivieren

Einen Roggensauerteig selbst herzustellen, ist denkbar einfach. Roggenmehl und Wasser reichen! So einfach geht's:

- 100 g Roggenvollkornmehl mit 100 ml Wasser vermischen, gut verrühren, in ein großes Glas oder eine Schüssel geben und an einem warmen Ort abgedeckt ruhen lassen.
- Anschließend den Teig alle zwölf Stunden, also zweimal täglich, kräftig durchrühren.
- Der Teig sollte die Konsistenz von Pfannkuchenteig haben.
- Einmal täglich etwa 50 ml Wasser und 50 g Roggenvollkornmehl hinzugeben und gut verrühren. Die Konsistenz sollte dabei immer gleich bleiben, eventuell also etwas mehr Mehl oder etwas mehr Wasser hinzufügen.

Während der gesamten Zubereitungszeit sollte der Sauerteig relativ warm, bei etwa 24 bis 28 °C, stehen.

Anfangs bleibt der Teig äußerlich noch unverändert, nach vier oder fünf Tagen haben sich kräftige Blasen gebildet und der Teig riecht säuerlich. Der Sauerteig ist jetzt einsatzbereit und übersteht ein paar Wochen ohne Fütterung, muss dann aber in drei Stufen „aufgeweckt" werden.

Wenn Sie wissen, dass Sie lange Zeit nicht dazu kommen werden, den Sauerteig zu füttern, können Sie ihn auch einfrieren. Ein paar Monate im Tiefkühlfach übersteht der Sauerteig problemlos. Er sollte dann allerdings langsam bei Raumtemperatur aufgetaut werden, keinesfalls in der Mikrowelle, das würde die Bakterien und Hefen abtöten.

Sie werden vielleicht von anderen Hobbybäckern Tipps bekommen, nach denen dem Sauerteigansatz noch Hefe zugesetzt wird oder Kümmel. Andere schwören auf einen Löffel Buttermilch als Zusatz oder Joghurt, um den Teig mit Milchsäurebakterien zu impfen. Das kann zwar alles zunächst zum gewünschten Erfolg führen, nur auf lange Sicht können sich Zutaten wie Joghurt, Buttermilch oder Hefe ungünstig auf den Sauerteig auswirken und ihn geschmacklich negativ beeinflussen. Wenn Sie nur mit Mehl und Wasser beginnen, steht einem langen Leben des Sauerteigs nichts im Wege. Dabei gilt: Je häufiger Sie den Teig auffrischen und verwenden, desto aktiver bleibt er.

Roggensauerteig pflegen

Um Sauerteig, der über längere Zeit nicht gefüttert wurde, wieder zu aktivieren, müssen Sie ihn „führen". Das gelingt am besten mit einer so genannten dreistufigen Führung. Diese Führung macht auch Sinn, wenn Sie eine kleine Menge Sauerteig als Starterkultur aufbewahrt haben und nun eine größere Menge benötigen.

- Nehmen Sie von Ihrem Sauerteig etwa 100 g ab und geben Sie ihn in ein hohes Glas.

Am 1. Tag

- 50 g Roggenmehl und 50 ml lauwarmes Wasser zum Sauerteig hinzufügen und gut umrühren. Zehn Stunden an einem warmen Ort (24 bis 28 °C) stehen lassen. Dann gut umrühren.

Am 2. Tag

- 100 g Roggenvollkornmehl und 100 ml lauwarmes Wasser zu dem Teig geben und gut damit verrühren. Etwa zwölf Stunden stehen lassen und anschließend wiederum umrühren.

Am 3. Tag

- 100 g Roggenvollkornmehl und 100 ml Wasser wieder gut unterrühren. Der Sauerteig sollte jetzt wieder aktiv sein.
- Den Sauerteig etwa fünf bis sechs Stunden stehen lassen, danach kann er weiter verarbeitet werden.

Roggensauerteig aus getrocknetem Sauerteig

Auch getrockneter Sauerteig muss erst wieder zum Leben erweckt werden.

Am 1. Tag

- 1 Päckchen getrockneten oder 15 g (3 EL) eigenen, getrockneten Sauerteig in ein großes Glas (z. B. Einmachglas) geben.
- 50 g Roggenvollkornmehl und 70 ml lauwarmes Wasser hinzufügen und gut verrühren.
- Das Ganze abgedeckt etwa zehn Stunden bei 25 bis 28 °C stehen lassen.

Am 2. Tag

- 60 g Roggenvollkornmehl und 60 ml lauwarmes Wasser mit dem Sauerteig verrühren, wiederum zehn bis zwölf Stunden bei Raumtemperatur, nicht mehr ganz so warm, stehen lassen.

Am 3. Tag

- 120 g Roggenvollkornmehl und 120 ml Wasser zu dem Teig hinzugeben und gut verrühren. Den Sauerteig vier bis sechs

Stunden bei Zimmertemperatur stehen lassen. Er kann jetzt verwendet oder im Kühlschrank aufbewahrt werden.

Roggensauerteig aus flüssigem Fertigsauerteig

Voraussetzung für das Erstellen des Sauerteigs ist ein guter Fertigsauerteig. Es funktioniert leider nicht mit allen Sorten und das Angebot auf dem Markt ist mittlerweile beträchtlich. Da geht Probieren über Studieren.

Am 1. Tag

- 1 Päckchen (150 g) flüssigen Fertigsauerteig in ein großes Glas oder eine Schüssel geben.
- 75 g Roggenvollkornmehl und 75 ml Wasser hinzugeben und gut verrühren. Der Teig sollte ungefähr die Konsistenz von Pfannkuchenteig haben. Wenn das nicht der Fall ist, geben Sie etwas Wasser oder Mehl hinzu.
- Abgedeckt in warmer Umgebung bei etwa 24 bis 28 °C sechs bis acht Stunden stehen lassen.

Am 2. Tag

- 150 g Roggenvollkornmehl und mindestens 150 ml Wasser mit dem Sauerteig verrühren.
- Abgedeckt etwa zehn Stunden bei Zimmertemperatur, nicht mehr ganz so warm, stehen lassen.

Am 3. Tag

- Den Teig teilen und die eine Hälfte verschenken oder einfrieren. Noch einmal mit 150 g Roggenmehl und 150 ml Wasser vermengen und etwa vier Stunden abgedeckt stehen lassen. Der Sauerteig sollte jetzt feine Bläschen bilden und säuerlich riechen. Jetzt können Sie den Teig entweder verwenden oder in den Kühlschrank stellen, bis Sie mit dem Backen beginnen möchten.

Es steht Ihnen natürlich frei, auf das Halbieren zu verzichten und die gesamte Menge des Sauerteigs weiterzuverarbeiten. Im Allgemeinen sind solche großen Mengen Sauerteig aber nicht nötig.

Weizensauerteig

Das Ansetzen eines Weizensauerteiges ist ebenfalls denkbar einfach. Man benötigt dabei nur etwas Geduld und darf sich nicht durch die blubbernde Masse, die einen bisweilen recht starken Essiggeruch verströmt, abschrecken lassen. Wie in den einzelnen Schritten beschrieben, verändert sich der Teig sehr stark – das ist so gewünscht.

Wenn Sie zum ersten Mal einen Weizensauerteig herstellen, führen Sie am besten „Buch" und dokumentieren Sie, wie sich Ihr Sauerteigansatz verändert und vergleichen Sie es mit der Anleitung. Für den Fall, dass es nicht beim ersten Mal klappt, können Sie dann nachvollziehen, woran es gelegen haben könnte. Beachten Sie, dass es im Winter in einer kühleren Küche eventuell zu kalt sein könnte. In einem heißen Sommer können hohe Temperaturen das Wachstum unerwünschter Mikroorganismen begünstigen, so dass der Ansatz misslingt. Essiggeruch ist auf jeden Fall ein Indiz dafür, dass alles richtig verläuft!

Weizensauerteig selbst herstellen

Am 1. Tag

- 1 Tasse **ungeschwefelte** Rosinen mit 300 ml warmem Wasser bedecken und 15 Minuten stehen lassen. Das Wasser abgießen und 225 ml für den Sauerteig auffangen. Es ist sehr wichtig, dass die Rosinen ungeschwefelt sind, weil das Rosinenwasser aufgrund der natürlichen Hefen, die an den getrockneten Trauben haften, als natürliche Hefequelle dient. Bei geschwefelten Früchten sind nicht mehr viele Hefesporen vorhanden.
- 125 g Weizenvollkornmehl mit 1 EL Backmalz, 1 TL Honig und dem Rosinenwasser in einer relativ großen Glas- oder Keramikschüssel zu einem Teig verrühren.
- Die Schüssel mit Klarsichtfolie abdecken und bei 18 bis 20 °C (ausnahmsweise nicht zu warm!) einen Tag lang ruhen lassen.

Am 2. Tag

Noch werden Sie keine oder sehr wenige Veränderungen feststellen. Aber keine Angst, in dem Teig passiert schon eine ganze Menge.

- 125 g Weizenmehl (Type 1050) mit ½ TL Backmalz, 1 TL Honig und 175 ml Wasser zu dem Sauerteig geben.
- Alles gut verrühren und den Teig wiederum einen Tag stehen lassen.

Am 3. Tag

Auf der Oberfläche des Teiges bilden sich langsam Blasen und der Teig wird allmählich sauer. Es kann vorkommen, dass sich zwei Schichten bilden. Das ist nicht weiter schlimm.

- 250 g Weizenmehl (Type 1050), ½ TL Backmalz und 375 ml Wasser zum Sauerteig geben und gut vermischen.
- Den Teig bis zum nächsten Tag ruhen lassen.

Am 4. Tag

Das leichte Essigaroma deutet es an: Der Teig ist auf dem richtigen Weg, die Bakterien haben schon kräftig Arbeit geleistet und feinste Säure produziert. Es werden auch immer mehr Blasen sichtbar.

- Jetzt nehmen Sie die Hälfte vom Sauerteig ab und verschenken sie. (Findet sich kein Abnehmer, frieren Sie den Überschuss ein. Später kann er bei Zimmertemperatur wieder langsam auftauen und wird wieder angefüttert.)
- Die verbliebene Hälfte des Sauerteigs mit 250 g Weizenmehl (Type 1050) und 375 ml Wasser vermischen. Wiederum 24 Stunden stehen lassen. Sollte die Blasenbildung allerdings schon sehr stark sein, was gerade im Sommer keine Seltenheit ist, kann der Teig nach zwölf Stunden in den Kühlschrank. Das verlangsamt den Gärprozess.

Am 5. Tag

Ihr Weizensauerteig kann jetzt schon verwendet werden. Er sollte stark vor sich hinblubbern und einen kräftigen Essiggeruch verströmen.

- Für einen aromatischeren Sauerteig empfiehlt sich aber die Fütterung einen weiteren Tag lang. Dazu 500 g Weizenmehl (Type 1050) und 750 ml Wasser unterrühren und ein paar Stunden stehen lassen, danach im Kühlschrank aufbewahren.

Der Weizensauerteig ist dann am **6. Tag** einsatzbereit.

Weizensauerteig weiterführen

Achten Sie darauf, dass Sie immer gut zwei Tassen Sauerteig zur Fortführung zurückbehalten. Optimal entwickelt er sich, wenn Sie ihn alle zwei Tage mit Mehl und Wasser füttern. Dabei sollte sich das Volumen immer verdoppeln.

Der Sauerteig lässt sich im Kühlschrank aufbewahren, vor der Weiterverwendung die überstehende, sehr saure graue Flüssigkeit, die als „Fusel" bezeichnet wird, abschütten und den Teig in zwei bis drei Tagen wieder anfüttern. Vor der Weiterverwendung des gekühlten Sauerteiges diesen eine Stunde bei Raumtemperatur stehen lassen.

Grundsätzlich empfehle ich bei Vollkornsauerteigen, sie nicht länger als 14 Tage ungefüttert zu lassen. Längere Ruhephasen im Kühlschrank können sich unangenehm auf den Geschmack auswirken, da bei Vollkornmehlen ja auch der fetthaltige Keim mit verarbeitet wird.

Zum längeren Aufbewahren, beispielsweise wenn Sie in den Urlaub fahren, kann der Teig auch eingefroren werden und muss nach dem langsamen Auftauen drei Tage lang wieder angefüttert werden.

Wie auch der Roggensauerteig, ist der Weizensauerteig am aktivsten, wenn er häufig gefüttert und immer weiterverwendet wird.

Backferment-Grundansatz

Backferment ist ein trockenes Granulat und muss vor der Weiterverarbeitung erst einmal wieder „zum Leben erweckt" werden. Durch Zugabe von Wasser und Mehl entsteht ein Grundansatz, der dann im späteren Brotteig den Teig zum Gären bringt.

Im Folgenden beschreibe ich die Herstellung des Grundansatzes mit Vollkornmehlen. Der Hersteller des Spezialbackferments selbst empfiehlt Weizenschrot und Weizenmehl Type 550. Die ausschließliche Verwendung von Vollkornmehl hat eine stärkere Säuerung zur Folge, die bei rustikalen Broten durchaus erwünscht ist und den Broten einen kräftigen Geschmack verleiht. Wer mit Backferment auch Gebäck herstellen möchte, sollte den Grundansatz einmal mit Mehl Type 550 zubereiten. Der so hergestellte Ansatz ist wesentlich milder und eignet sich besser für feines Gebäck.

Der Ansatz wird ähnlich wie Sauerteig hergestellt.

Grundansatz herstellen

Am 1. Tag

- 250 ml lauwarmes Wasser mit 20 g Backfermentgranulat verrühren.
- 100 g fein gemahlenen Weizen und 100 g Weizenschrot dazugeben und alles gut vermischen. Der Teig sollte recht weich sein, an der Oberfläche sollte sich dabei aber kein Wasser absetzen.
- Den Teig in ein großes Glas füllen, gut abdecken, aber nicht luftdicht verschließen und bei 28 bis 30 °C 12 bis 18 Stunden stehen lassen.

Gegen Ende sollten sich bereits kleine Bläschen bilden.

Am 2. Tag

- 100 ml lauwarmes Wasser, 150 g fein gemahlenen Dinkel und 150 g Weizenschrot zum Teig hinzugeben und gut vermischen.

- Den Ansatz fünf bis zehn Stunden stehen lassen, wiederum bei 28 bis 30 °C. Nach dieser Zeit sollte der Ansatz sein Volumen verdoppelt haben und beim Anstoßen leicht in sich zusammenfallen. Mit diesem Grundansatz kann gebacken werden.

Backferment-Grundansatz kann im Kühlschrank in einem Glas mit Schraubverschluss längere Zeit gelagert werden. Ein leicht gräulicher Belag entsteht bei längerer Lagerung durch die natürlichen Hefen und ist kein Zeichen von Verderb.

Backferment-Grundansatz verlängern

Wer viel mit Backferment backt, kann seinen Grundansatz immer wieder verlängern bzw. auffrischen. Dazu nimmt man

10 g Backferment-Grundansatz
1 TL Backfermentgranulat
40 ml lauwarmes Wasser
30 g Weizenvollkornmehl
30 g Weizenschrot

- Diese Zutaten gut vermischen und über Nacht bei Zimmertemperatur abgedeckt stehen lassen.

Bemerkt man nach einiger Zeit, dass der Brotteig nicht mehr richtig gehen will, kann das an einem schwächer werdenden Grundansatz liegen. In diesem Fall empfehle ich, einen komplett neuen Grundansatz herzustellen.

Hinweise zu den Rezepten

Zu den Backtemperaturen

Die angegebenen Temperaturen sind Richtwerte für Elektroherde. Sie können je nach verwendetem Backofen abweichen. Falls Ihr Backofen die Hitze nicht gleichmäßig verteilt, sollten die Brote nach der Hälfte der Backzeit einmal gedreht werden.

Zu den Abkürzungen

1 EL = 1 Esslöffel
1 TL = 1 Teelöffel
1 MSP = 1 Messerspitze
Für das Abmessen kleiner Mengen, beispielsweise von Trockenhefe, habe ich bei meinen Rezepten spezielle Messlöffel benutzt. Sie sind meist als Löffelsatz erhältlich. Ein Satz beinhaltet üblicherweise ein Maß für 1 EL, 1 TL, ½ TL und für ¼ TL.

Zur Teigruhe

Während der Ruhezeiten sollten Sauerteig, Vorteig und Hauptteig an einem warmen, zugfreien Ort stehen. Gleichmäßige Wärme können Sie auf unterschiedliche Weise erzielen.

- Stellen Sie die Teigschüssel auf den Heizkörper, bei einer Fußbodenheizung auf den Fußboden oder – falls vorhanden – auf den Kachelofen. Achten Sie darauf, dass die Oberflächentemperatur der Wärmequelle nicht über 35 °C liegt und dass das Gefäß Hitze verträgt. Stellen Sie am besten einen Teller unter die Schüssel oder den Gärkorb.
- Sorgen Sie für eine gute Wärmeisolation. Rühren Sie den Teig mit lauwarmem Wasser an und packen Sie die Schüssel in Tücher ein, dann bleibt die Wärme erhalten. Sie können das Gefäß auch in eine große Styroporbox oder in eine Kochkiste stellen.
- Wenn es sich um kurze Gärzeiten handelt, können Sie auch den Backofen auf die niedrigste Temperaturstufe vorheizen und die Teigschüssel in den leicht geöffneten Backofen stellen – dabei sollten Sie vorher prüfen, dass die Temperatur nicht mehr über 40 °C liegt.

- Die Wärme des Heizungsraumes oder des Heizungskellers kann ebenfalls genutzt werden.

Symbol: Ruhezeit über Nacht

Mit diesem Symbol sind Rezepte gekennzeichnet, bei denen der Teig über Nacht (manchmal auch länger) gehen muss. So können Sie auf den ersten Blick erkennen, dass Sie für das Brotbacken ausreichend Zeit einplanen sollten.

Frische Hefe oder Trockenhefe?

Bei den Rezepten in diesem Buch ist jeweils nur eine der beiden Hefearten aufgelistet. Falls Sie statt der frischen Backhefe lieber Trockenhefe benutzen möchten oder umgekehrt, können Sie die Mengen entsprechend umrechnen.

- Die notwendige Menge an Trockenhefe errechnen Sie, indem Sie 40 % der angegebenen Frischhefemenge ermitteln. Wenn im Rezept beispielsweise 40 g Frischhefe (etwa ein Würfel) angegeben ist, entspricht das 16 g Trockenhefe.
- Die notwendige Menge an frischer Hefe erhalten Sie, wenn Sie die Trockenhefemenge mit dem Faktor 2,5 multiplizieren. 1 TL Trockenhefe wiegt etwa 9 g.

Zur Teigkonsistenz

Bei einigen Rezepten finden Sie Hinweise zur Konsistenz des Teiges. Wenn Sie unsicher sind, ob Ihr Teig „richtig" ist, folgen Sie Ihrem Gefühl. Der Mahlgrad bei Vollkornschrot kann beispielsweise darüber entscheiden, wie viel Wasser ein Teig aufnehmen kann. Wenn Ihr Teig zu feucht ist, scheuen Sie sich nicht, etwas Mehl unterzuarbeiten. Ist Ihr Teig gar krümelig, benötigt er etwas mehr Flüssigkeit. Ihr Teig sagt Ihnen, was er braucht! Und je mehr Brote Sie gebacken haben, desto besser wissen Sie, was einem Teig fehlt.

Brot und Brötchen mit Hefe

Haferbrot

Zutaten für 1 Brot

90 g Haferflocken
325 ml Wasser
350 g Weizenmehl (Type 1050)
125 g Weizenvollkornmehl
10 g frische Hefe
60 ml lauwarme Milch
35 g Honig
3-4 EL Sonnenblumenöl
1 EL Salz

- Die Haferflocken 15 Minuten in dem Wasser einweichen.
- Mehl in einer Schüssel vermischen und eine Mulde in das Mehl drücken.
- Hefe in der Milch anrühren, in die Vertiefung geben und gehen lassen.
- Honig, Öl, eingeweichte Haferflocken und Salz dazugeben und alles zu einem Teig verkneten. Der Teig klebt zunächst ein wenig, durch kräftiges Kneten bekommt er aber eine gute Konsistenz und löst sich vom Schüsselrand.
- Den Teig zu einer Kugel formen und 1 bis 2 Stunden bei Raumtemperatur gehen lassen.
- Teig zu einem Laib formen und auf einem Holzschieber oder in einem Gärkorb weitere 60 bis 90 Minuten abgedeckt gehen lassen.
- Den Ofen auf 240 °C vorheizen. Das Brot in den Ofen schieben und 15 Minuten backen.
- Temperatur auf 220 °C herunterschalten und das Brot weitere 20 bis 25 Minuten backen.

Tipp: Damit das Brot auch nach Haferbrot aussieht, können Sie es vor dem Backen mit der Oberseite in Haferflocken wälzen. Die Haferflocken dabei leicht andrücken, aber das Brot nicht eindrücken.

Buttermilch-Kraftbrot

Zutaten für 1 großes Brot

1 l Buttermilch
2 EL Salz
2 EL dunkler Rübensirup (ersatzweise Ahornsirup oder Malzsirup)
500 g Weizenvollkornmehl
250 g Roggenschrot
250 g Weizenschrot
2 Päckchen Trockenhefe
100 g Sesam
100 g Leinsamen
150 g Sonnenblumenkerne

- Buttermilch mit Salz und Sirup leicht erwärmen (nicht kochen!).
- Mehl, Schrot und Hefe vermischen und mit der Buttermilch-Sirup-Mischung zu einem Teig verkneten.
- Sesam, Leinsamen und Sonnenblumenkerne unter den Teig mischen und etwa 10 Minuten gut durchkneten.
- Den Teig abgedeckt etwa 1 Stunde im Gärkorb (oder in einer Schüssel) gehen lassen. Das Volumen wird sich nicht ganz verdoppeln.
- Das Brot direkt auf das Backblech oder den Backstein stürzen. In den auf 200 °C vorgeheizten Backofen schieben und etwa 2 Stunden backen. Sie können das Brot aber auch in einer großen Kastenform backen.

Tipp: Durch den hohen Anteil an Hefe kommt dieses Brot mit weniger Gärzeit aus als andere Brote.

Kleines Schweizer Bauernbrot (Bürli)

Zutaten für 1 Brot

½ Würfel frische Hefe
250 ml lauwarmes Wasser
350 g Weizenmehl (Type 1050)
1½ TL Salz

- Die Hefe in dem Wasser auflösen, die Hälfte des Mehls zugeben und den Ansatz etwa 15 Minuten stehen lassen.
- Das restliche Mehl und das Salz unterkneten.
- Den Teig rund 40 Minuten gehen lassen, bis sich das Teigvolumen verdoppelt hat.
- Teig kurz durchkneten und nochmals 30 Minuten gehen lassen.
- Den Teig wieder kurz durchkneten und weitere 30 Minuten gehen lassen.
- Den Ofen auf 250 °C vorheizen, möglichst mit einem Backstein.
- Den Teig so wie er ist, nur wenig geformt, als einigermaßen runden Brocken auf einen gut bemehlten Brotschieber oder ein Backblech geben und nochmals zugedeckt gehen lassen.
- Das Brot in den Ofen schieben und etwa ½ Tasse heißes Wasser in den Ofen geben, damit sich Dampf entwickeln kann. Das Brot 10 Minuten backen.
- Den Backofen auf 200 °C herunterschalten und das Brot weitere 40 bis 50 Minuten backen. Während des Backens das Brot beobachten, es sollte nicht schwarz werden.

Tipp: Dieses Bauernbrot ist recht rustikal. Original wird es im Holzofen bei sehr hoher Anfangstemperatur gebacken. Dadurch wird es dunkler als herkömmliche Brote. Die Kruste ist sehr knusprig, die Krume wunderbar weich.

Südtiroler Schüttelbrot

Zutaten für 18 kleine Fladenbrote

250 g Roggenvollkornmehl
250 g Weizenvollkornmehl
100 g Roggenschrot
½ Würfel frische Hefe
1 TL Roh-Rohrzucker
250 ml lauwarmes Wasser
125 ml Buttermilch
4 EL Sonnenblumenöl
½ TL Salz
½ TL Kümmel
½ TL zerstoßene Korianderkörner
Weizenkleie fürs Backblech

Tipp: Das Schüttelbrot ist ein rustikales Fladenbrot. Es schmeckt zu Rettich, Radieschen und Gewürzgurke und zu vielen Dips. Wer mag, kann statt des Kümmels auch Anis- und Fenchelsamen oder Bockshornklee einarbeiten.

- Roggen- und Weizenmehl mit dem Schrot in eine Schüssel geben und vermischen.
- Hefe mit Zucker in dem lauwarmen Wasser auflösen.
- In das Mehl eine Mulde drücken. Die angerührte Hefe hineingeben und mit ein wenig Mehl vom Rand zu einem Vorteig verarbeiten. 15 Minuten ruhen lassen.
- Buttermilch, Öl und Salz zugeben und zu einem Teig verkneten.
- Anschließend 5 Minuten gut mit den Händen durchkneten und die Gewürze unterarbeiten.
- Den Teig zu einer Kugel formen und 50 Minuten abgedeckt gehen lassen.
- Den Teig in achtzehn Teile teilen und zu kleinen Kugeln formen. Jede Kugel zu einem runden Fladen (etwa ½ cm dick) auf einer bemehlten Arbeitsfläche ausrollen.
- Die Fladen auf ein mit Kleie bestreutes Backblech legen, mit einer Gabel mehrmals einstechen und wiederum 30 Minuten gehen lassen.
- Die Schüttelbrote bei etwa 200 °C 10 bis 12 Minuten goldbraun backen.

Kartoffelbrot

Zutaten für 1 Brot

450 g Kartoffeln
140 ml Kartoffelkochwasser
2 TL Trockenhefe
1½ EL Olivenöl
450 g Weizenmehl (Type 1050)
2 TL Salz

- Die Kartoffeln sorgfältig abbürsten und mit der Schale kochen.
- Vom Kochwasser 140 ml abnehmen und beiseite stellen.
- Die Kartoffeln pellen und abdampfen lassen, dann durch die Kartoffelpresse drücken.
- Die Hefe ins noch lauwarme Kochwasser geben und 5 Minuten gehen lassen.
- Die Hefemischung, das Olivenöl und die Kartoffeln in einer großen Schüssel zu einem Teig verkneten, bis eine homogene Masse entstanden ist.
- Das Mehl und das Salz hinzugeben und lange (etwa 15 Minuten) kneten. Der Teig ist am Anfang sehr fest und krümelig, wird aber beim Kneten zunehmend weicher. Notfalls noch etwas lauwarmes Wasser hinzugeben.
- Den Teig zu einer Kugel formen und in der abgedeckten Rührschüssel bei Raumtemperatur 20 bis 30 Minuten gehen lassen. Der Teig sollte dann ein wenig aufgegangen sein, er wird sein Volumen aber nicht verdoppeln.
- Anschließend den Teig auf eine leicht bemehlte Arbeitsfläche geben und zu einem runden Laib formen. Das Brot mit der glatten Seite nach oben auf die Arbeitsfläche legen, mit einem Tuch abdecken und nochmals 30 Minuten gehen lassen.
- Den Ofen auf 190 °C vorheizen. Für ausreichend Feuchtigkeit sorgen. Das Brot in den Ofen schieben (untere Schiene).

- Das Brot 50 bis 60 Minuten backen, bis die Kruste schön braun ist und die Unterseite beim Daraufklopfen hohl klingt.

Tipp: Frisch, mit etwas Butter, ein Genuss! Aber warten Sie mindestens 20 Minuten mit dem Anschneiden. Das Brot hat eine angenehm weiche Krume und knusprige Kruste.

Wenn Sie mit einem Backstein backen, benötigen Sie noch etwas Weizengrieß für den Brotschieber.

Buttermilchbrot

Zutaten für 1 großes Brot

1 Würfel frische Hefe
1 Prise Vollrohrzucker
80 ml lauwarmes Wasser
700 g Weizenvollkornmehl
300 g Roggenvollkornmehl
250 ml lauwarmes Wasser
500 ml Buttermilch
1 EL Salz
etwas Öl für die Schüssel
Maismehl oder Grieß für den Gärkorb und den Brotschieber

- Die Hefe mit dem Zucker in dem lauwarmen Wasser auflösen.
- Weizen- und Roggenmehl in eine Schüssel geben. Wasser, angerührte Hefe und Buttermilch dazugießen.
- Alle Zutaten gut zu einem Teig verkneten und etwa 10 Minuten ruhen lassen.
- Salz hinzugeben und den Teig weitere 8 Minuten mit der Hand kneten.
- Den Teig auf eine leicht bemehlte Arbeitsfläche geben und zu einer Kugel formen. Lassen Sie sich nicht irritieren, der Teig ist ein wenig klebrig.
- Teig in eine leicht eingeölte Schüssel geben und zugedeckt etwa 20 Minuten gehen lassen.
- Teig kurz durchkneten und zusammenfalten, wiederum 20 Minuten gehen lassen.
- Erneut durchkneten und den Teig noch einmal 30 Minuten gehen lassen.
- Den Backofen mit einem Backstein auf mittlerer Schiene auf 220 °C vorheizen.
- Teig auf die leicht bemehlte Arbeitsfläche geben, abgedeckt kurz ruhen lassen und dann zu einem ovalen Laib formen.

- Den Laib in einen gut bemehlten, großen Gärkorb (für 1½ kg Teig) geben und nochmals etwa 15 Minuten gehen lassen.
- Das Brot auf einen mit Maismehl bestreuten Brotschieber stürzen und mit einer scharfen Klinge 4-mal schräg einschneiden.
- Das Brot in den Ofen schieben, eine Tasse heißes Wasser in den Ofen geben und das Brot etwa 60 Minuten backen.
- Wenn man auf den Boden des Brotes klopft, soll es hohl klingen.

Spanisches Gerstenbrot

Zutaten für 1 Brot

100 g Maismehl
440 ml Wasser
30 g frische Hefe
4 EL lauwarmes Wasser
340 g Weizenvollkornmehl
70 g Gerstenmehl
1 EL Salz

- Maismehl mit dem Wasser aufkochen und abkühlen lassen, bis die Masse nur noch lauwarm ist.
- In der Zwischenzeit die Hefe mit dem Wasser auflösen und etwas gehen lassen.
- Hefeansatz mit Weizen- und Gerstenmehl vermischen, dann den Maisbrei und das Salz darunterkneten. Dazu benötigen Sie einiges an Kraft, hier wäre eine Küchenmaschine hilfreich.
- Den Teig zu einer Kugel formen und abgedeckt etwa 45 Minuten gehen lassen. Das Volumen sollte sich nahezu verdoppelt haben.
- Den Teig durchkneten und in einen Gärkorb geben, ersatzweise einen Laib formen und auf eine bemehlte Fläche legen. Das Brot zugedeckt etwa 40 Minuten gehen lassen.
- Gerstenbrot in den auf 230 °C vorgeheizten Ofen schieben. 10 Minuten backen.
- Temperatur auf 200 °C reduzieren und das Brot weitere 30 bis 40 Minuten backen.

Tipp: Das Brot schmeckt zu Tapas, besonders zu gerösteten Paprikaschoten.

Schnelles italienisches Tomatenbrot

Zutaten für 1 Brot

1 Würfel frische Hefe
200 ml lauwarmes Wasser
500 g Weizenvollkornmehl
1½ TL Salz
1 EL Olivenöl
etwa 30 g getrocknete Tomaten, klein geschnitten
einige Salbeiblätter

- Die Hefe in dem Wasser auflösen und 5 Minuten stehen lassen.
- Hefeansatz mit Mehl, Salz und Olivenöl zu einem Teig verkneten. Bei Bedarf noch lauwarmes Wasser dazugeben, wenn der Teig zu trocken ist.
- Teig auf einer bemehlten Fläche kräftig durchkneten. Zum Schluss getrocknete Tomaten und Salbeiblätter unterkneten, so dass sie gleichmäßig verteilt sind.
- Teig zu einer Kugel formen und abgedeckt 45 Minuten gehen lassen.
- Das Brot zu einem länglichen Laib formen und im vorgeheizten Ofen bei 225 °C 20 bis 25 Minuten backen.

Süßes Rosinen-Zimt-Brot

Zutaten für 1 Brot

2 TL Trockenhefe
60 ml lauwarmes Wasser
580 g Weizenmehl (Type 1050)
etwa 320 ml Wasser
1 EL Honig
1½ TL Salz
200 g Rosinen
etwas warmes Wasser
3 EL Vollrohrzucker
1½ TL Zimt
2 EL Weizenmehl (Type 1050)
Fett für die Form
etwas Öl zum Bestreichen

- Die Hefe in dem lauwarmen Wasser auflösen. 5 Minuten stehen lassen.
- Mehl in eine Schüssel geben und mit dem Hefeansatz, Wasser, Honig und Salz zu einem Teig verkneten. Der Teig ist zu diesem Zeitpunkt noch klebrig. Sollte er zu fest sein, esslöffelweise noch mehr Wasser zugeben.
- Den Teig abgedeckt etwa 20 Minuten bei Zimmertemperatur ruhen lassen.
- Anschließend gut 7 Minuten mit der Hand durchkneten. Der Teig sollte jetzt nicht mehr kleben, eventuell noch etwas Mehl hinzufügen.
- Teig zu einer Kugel formen und abgedeckt etwa 2 Stunden gehen lassen, bis sich das Teigvolumen fast verdoppelt hat.
- Während der Teig geht, die Rosinen in wenig warmem Wasser einweichen.
- Zucker und Zimt vermischen.

- Den Teig auf einer bemehlten Arbeitsfläche zu einem Rechteck ausrollen (die Längsseite sollte in eine Kastenform passen). Teig mit dem Zimtzucker bestreuen. Die Rosinen abtropfen lassen, mit dem Mehl bestäuben und gleichmäßig auf dem Teig verteilen.
- Teig mit der langen Seite aufrollen, dabei aufpassen, dass die Rosinen nicht herausfallen. Die Naht mit den Fingern zudrücken, die beiden Enden ebenfalls gut zusammendrücken.
- Die Teigrolle in eine gefettete Kastenform geben und mit leicht geölter Frischhaltefolie abdecken. Nochmals 90 Minuten gehen lassen.
- Den Ofen auf 230 °C vorheizen. Folie entfernen und das Brot in den Ofen schieben und die Ofenwände mehrmals in kurzen Abständen mit Wasser besprühen. 15 Minuten backen.
- Temperatur auf 190 °C reduzieren und das Brot 20 bis 30 Minuten fertig backen. Zwischendurch das Brot gut beobachten. Sollte es zu stark bräunen, mit einem Stück Alufolie abdecken.

Süßes Walnussbrot

Zutaten für 2 kleine Brote oder 1 großes Brot

100 g Rosinen
3 EL Rum, Weinbrand oder Grappa
250 g gehackte Walnüsse
500 g Weizenvollkornmehl
1 Würfel frische Hefe
175 ml lauwarme Milch
70 g Vollrohrzucker
2 EL Honig
60 ml Olivenöl
½ TL Zimt
1 TL abgeriebene Zitronenschale
1 Prise Salz

Tipp: Dieses Brot schmeckt zum Frühstück mit etwas Butter bestrichen oder auch zum Kaffee. Genießen Sie es am besten noch lauwarm.

Wenn Sie den Alkoholgeschmack vermeiden möchten, können Sie die Rosinen auch in Wasser einweichen.

- Die Rosinen etwa 2 Stunden in dem Alkohol einweichen.
- Die Walnüsse in einer beschichteten Pfanne ohne Fett ein wenig rösten, bis sie anfangen zu duften.
- Für den Teig das Mehl in eine Schüssel geben und in die Mitte eine Mulde drücken. Die Hefe mit ein paar Esslöffeln der lauwarmen Milch, dem Zucker und dem Honig auflösen.
- Die angerührte Hefe in die Mulde geben und mit ein wenig Mehl vom Rand zu einem Vorteig verrühren. Den Teig 15 Minuten ruhen lassen.
- Anschließend das Öl und die Gewürze hinzugeben und alles zu einem Teig verkneten.
- Walnüsse und die Rosinen unterarbeiten. Den Teig zu einer Kugel formen und abgedeckt etwa 1 Stunde gehen lassen, bis sich das Teigvolumen fast verdoppelt hat.
- Aus dem Teig zwei kleine Brote oder ein großes Brot formen und auf ein mit Backpapier ausgelegtes Backblech legen. Abdecken und nochmals 20 Minuten gehen lassen.
- Den Ofen auf 180 °C vorheizen. Backblech in den Ofen schieben und 35 bis 45 Minuten backen.

Apfel-Walnuss-Brot

Zutaten für 5 kleine Brote

60 g Walnüsse
50 ml Olivenöl
175 ml Apfelsaft
175 ml lauwarmes Wasser
10 g frische Hefe
300 g Weizenvollkornmehl
300 g Weizenmehl (Type 1050)
1 TL Salz
50 g Kürbiskerne

- Aus den Walnüssen und dem Olivenöl im Blitzhacker oder mit dem Pürierstab eine feine Paste herstellen.
- Apfelsaft mit dem Wasser mischen und die Hefe darin auflösen.
- Mehl in einer Schüssel mischen und in die Mitte eine Mulde drücken. Die aufgelöste Hefe hineingießen, etwas Mehl vom Rand dazugeben und zu einem dickflüssigen Vorteig verrühren. Etwa 15 Minuten stehen lassen.
- Das Salz und die Walnusspaste zugeben und gut verkneten. Zum Schluss die Kürbiskerne einarbeiten.
- Den Teig zu einer Kugel formen und 1 Stunde zugedeckt gehen lassen.
- Aus dem Teig fünf längliche, kleine Brote formen. Die Brote auf ein mit Backpapier ausgelegtes Backblech legen. Jetzt die Brote etwa 90 Minuten gehen lassen.
- Die Brote im vorgeheizten Backofen bei 210 °C 30 Minuten backen.

Tipp: Diese Brote schmecken noch leicht warm mit ein wenig Butter besonders gut.

Buttermilch-Zimt-Brötchen

Zutaten für 15 Brötchen

325 ml Buttermilch
1 Päckchen Trockenhefe
1 EL Vollrohrzucker
50 ml lauwarmes Wasser
550 g Weizenvollkornmehl
½ TL Salz
5 EL Sonnenblumenöl
50 g Butter
100 g Honig
1 EL Zimt

Tipp: Diese Brötchen lassen sich auch gut abends vorbereiten. Statt der letzten Ruhephase kommen die Brötchen in den Kühlschrank. Am nächsten Morgen werden sie dann etwa 1 Stunde vor dem Backen aus dem Kühlschrank geholt. Ideal für ein schönes Sonntagsfrühstück!

- Die Buttermilch leicht erwärmen, aber nicht richtig heiß werden lassen.
- Hefe mit dem Zucker in dem Wasser auflösen und 5 Minuten stehen lassen.
- Buttermilch dazugeben, mit dem Mehl leicht verrühren.
- Salz und Sonnenblumenöl hinzufügen und alles zu einem Teig verkneten. Der Teig sollte nicht zu fest sein, aber auch nicht zu stark kleben. Teig zu einer Kugel formen und 20 Minuten gehen lassen.
- In der Zwischenzeit die Butter in einem kleinen Topf vorsichtig schmelzen lassen und anschließend mit Honig und Zimt gut verrühren.
- Den Teig zu einem Rechteck ausrollen. Die Butter-Honig-Zimt-Mischung gleichmäßig darauf verteilen. Teig mit der längeren Seite aufrollen, die Naht mit zwei Fingern leicht zusammendrücken und so verschließen.
- Die so entstandene Rolle mit einem Messer in etwa 4 cm breite Brötchen schneiden. Die Brötchenscheiben auf ein Backblech setzen und abgedeckt 30 Minuten gehen lassen.
- Den Ofen auf 200 °C vorheizen und die Brötchen 20 bis 25 Minuten backen, bis sie goldbraun sind.

Dinkelbrötchen

Zutaten für 25-30 Brötchen

1 Würfel frische Hefe
700-750 ml lauwarmes Wasser
250 g Dinkelschrot
700 g Dinkelvollkornmehl
50 g Weizenmehl (Type 1050)
1 EL Salz

- Die Hefe in 100 ml lauwarmem Wasser auflösen.
- Dinkelschrot, Dinkel- und Weizenmehl in einer Schüssel mischen und in die Mitte eine Vertiefung drücken. Aufgelöste Hefe in die Mulde geben und mit ein wenig Mehl vom Rand zu einem Vorteig verrühren. Den Teig 15 Minuten stehen lassen.
- Das restliche Wasser und das Salz hinzugeben und alles gut 7 Minuten mit den Händen kneten.
- Den Teig zu einer Kugel formen und abgedeckt etwa 1 Stunde gehen lassen. Das Teigvolumen sollte sich nahezu verdoppelt haben.
- Teig in 50-g-Portionen teilen und diese jeweils zu einer Kugel formen.
- Brötchen auf ein mit Backpapier ausgelegtes Backblech setzen und abgedeckt nochmals 30 Minuten ruhen lassen.
- Die Brötchen mit Wasser bepinseln, einschneiden und bei 200 °C etwa 20 Minuten backen.

Tipp: Vor dem Backen können Sie die Brötchen nach Belieben in Mohn, Leinsamen oder Sesam wälzen oder mit Sonnenblumen- oder Kürbiskernen bestreuen.

Sonnenblumenkerne oder Kürbiskerne können Sie auch direkt in den Teig einarbeiten.

Partybrötchen

Zutaten für 2 große runde „Wagenräder" oder „Partysonnen"

Für den Schrotansatz:

600 g Weizenvollkornschrot
300 ml Wasser

Für den Vorteig:

1 Würfel frische Hefe
625 ml lauwarmes Wasser
400 g Weizenmehl (Type 1050)
1 EL Salz

Für den Hauptteig:

1 Würfel frische Hefe
etwa 4 EL lauwarmes Wasser
100 g Roggenmehl (Type 1150)
100 g Roggenvollkornschrot
100 g Weizenvollkornmehl
1½ TL Salz

Zum Bestreuen:

Kümmel
Mohn
Sesam

- **Weizenschrot** am Vortag (am besten vormittags) in dem Wasser einweichen und bei Raumtemperatur abgedeckt stehen lassen.
- Für den **Vorteig** am Abend die Hefe in dem Wasser auflösen und mit dem Mehl und dem eingeweichten Schrot zu einem Teig verrühren. Das Salz hinzufügen und alles gut verkneten. Abgedeckt über Nacht stehen lassen.
- Für den **Hauptteig** am nächsten Morgen die Hefe in etwas Wasser auflösen. Zu dem Vorteig Roggenmehl, -schrot und Weizenmehl sowie die aufgelöste Hefe und das Salz hinzu-

geben, alles zu einem Teig vermischen und kräftig mit den Händen kneten. Den Teig abgedeckt etwa 1 bis 2 Stunden gehen lassen.

- Den Teig in kleine Portionen teilen, die kleiner sein sollten als normale Brötchenportionen (unter 50 g). Jeweils zu kleinen Kugeln formen.
- Jedes Brötchen in eines der Gewürze tauchen und leicht andrücken.
- Ein Blech mit Backpapier auslegen und das erste Brötchen in die Mitte setzen. Die restlichen Teigkugeln darum herumsetzen, so dass ein großes Rad entsteht.
- Die Partybrötchen abgedeckt nochmals 30 Minuten ruhen lassen.
- Den Ofen auf 200 °C vorheizen. Die Partybrötchen in den Ofen schieben, eine Tasse Wasser mit in den Ofen geben und die Ofenwände mehrmals mit Wasser einsprühen.
- Die Brötchen 30 Minuten backen.

Pita

Zutaten für 12 kleine Fladenbrote

1 Würfel frische Hefe
3 TL Vollrohrzucker
500 ml lauwarmes Wasser
1 kg Weizenvollkornmehl
3 EL Olivenöl
2½ TL Salz

- Die Hefe mit dem Zucker in dem Wasser auflösen und 10 Minuten stehen lassen.
- Das Mehl in eine Schüssel geben, Hefeansatz, Olivenöl und Salz dazugeben und alles zu einem glatten, geschmeidigen Teig verkneten. Nach Bedarf noch etwas lauwarmes Wasser dazugeben. Kräftig mit den Händen durchkneten, der Teig sollte nicht zu sehr kleben.
- Den Teig zu einer Kugel formen und abgedeckt etwa 1 Stunde ruhen lassen, bis sich das Teigvolumen nahezu verdoppelt hat.
- Den Teig in zwölf gleichmäßige Portionen teilen. Jeweils zu einer Kugel formen und dann kreisförmig ausrollen. Die Fladenbrote sollten einen Durchmesser von etwa 15 cm haben.
- Brote auf ein mit Backpapier ausgelegtes Backblech legen und nochmals 15 Minuten gehen lassen.
- Den Backofen auf 220 °C vorheizen. Die Fladenbrote etwa 10 bis 15 Minuten backen.

Tipp: Pita eignen sich hervorragend zum Füllen. Probieren Sie einmal einen Salat aus Tomaten, Oliven, Frühlingszwiebeln und Schafskäse, leicht mit Olivenöl und Balsamico-Essig angemacht. Diesen Salat füllen Sie in eine halbierte und aufgeschnittene Pitatasche. Lecker schmecken auch Falafel (Kichererbsenbällchen) mit einer Joghurtsauce und Tahin (Sesammus) dazu.

Anisfladen

Zutaten für 2 Fladenbrote

25 g frische Hefe
1 Prise Vollrohrzucker
250 ml lauwarmes Wasser
400 g Weizenmehl (Type 1050)
100 g Dinkelvollkornmehl
1 TL Salz

Für den Belag:
1 Eigelb
2 EL Milch
zerstoßene Anissamen

- Die Hefe mit dem Zucker in 100 ml lauwarmem Wasser auflösen.
- Weizen- und Dinkelmehl in einer Schüssel mischen und in die Mitte eine Mulde drücken. Aufgelöste Hefe in die Mulde geben und mit Mehl vom Rand zu einem Vorteig verrühren.
- Den Vorteig mit ein wenig Mehl bestäuben und zugedeckt etwa 2 Stunden ruhen lassen.
- Das restliche Wasser und das Salz hinzufügen und alles zu einem Teig verarbeiten. Teig etwa 7 Minuten mit den Händen kräftig kneten. Er sollte glatt und geschmeidig sein.
- Teig zu einer Kugel formen und zugedeckt 2 Stunden gehen lassen.
- Den Teig halbieren und jeweils zu einer Kugel formen. Zu einem Teigfladen ausrollen oder mit den Händen auseinander drücken. Fladenbrote abdecken und nochmals 30 Minuten gehen lassen.
- Ofen auf 200 °C vorheizen. Eigelb mit der Milch verquirlen. Fladenbrote damit bestreichen und mit Anis bestreuen.
- Brote auf ein mit Backpapier ausgelegtes Backblech legen und etwa 20 Minuten backen, bis die Fladen schön gebräunt, aber nicht zu dunkel sind.

Schafskäse-Fladenbrot

Zutaten für 1 großes Fladenbrot oder 2 kleine Fladenbrote

250 g Weizenvollkornmehl
250 g Weizenmehl (Type 1050)
1 Würfel frische Hefe
300 ml lauwarmes Wasser
5 EL Olivenöl
1½ TL Salz

Für den Belag:

300 g Schafskäse (z. B. Feta)
8 EL Olivenöl
Rosmarin oder Thymian zum Bestreuen

> **Tipp:** Eignet sich toll für Picknicks, als Snack zwischendurch oder zu einem Antipasti- oder Tapasbüfett.

- Mehl in einer Schüssel mischen.
- Die Hefe in dem lauwarmen Wasser auflösen und etwa 5 Minuten stehen lassen.
- Angerührte Hefe mit dem Öl und dem Salz zum Mehl geben und alles zu einem glatten Teig verkneten. Den Teig zu einer Kugel formen und 30 Minuten ruhen lassen.
- Den Teig gut durchkneten und nochmals 30 Minuten gehen lassen.
- Aus dem Teig ein großes Fladenbrot oder zwei kleinere Fladenbrote formen, dabei den Teig nur noch wenig kneten. Brot auf ein mit Backpapier ausgelegtes Backblech legen.
- Den Backofen auf 225 °C vorheizen.
- Den Schafskäse mit einer Gemüsereibe über den Fladen raspeln. Das Olivenöl über den Käse träufeln, das Öl sollte aber nicht vom Fladen fließen.
- Mit Kräutern nach Belieben bestreuen.
- Das Backblech in den Ofen schieben und etwa 15 Minuten backen.

Stockbrot

Zutaten für etwa 10 Stockbrote

1 Würfel frische Hefe
1 Prise Vollrohrzucker
225 ml lauwarme Milch
500 g Weizenvollkornmehl
1 Prise Salz
2 EL Sonnenblumenöl

gerade Stöcke aus frischem Holz (Haselnuss, Weide)

- Hefe mit dem Zucker in der Milch auflösen und kurz gehen lassen.
- Die angerührte Hefe mit Mehl, Salz und Sonnenblumenöl zu einem Hefeteig verkneten. Den Teig zugedeckt 1 Stunde gehen lassen.
- Von dem Hefeteig kleine Teigstücke abnehmen und zu langen Strängen (etwa 1 cm dick) ausziehen. Die Stränge spiralförmig um die Enden der Stöcke wickeln. Über dem Lagerfeuer braun backen, dabei die Stöcke ständig drehen.

Tipp: Stockbrot macht ein Lagerfeuer erst so richtig schön. Der Teig kann gut vorbereitet werden und ruht im Kühlschrank, bis es Abend wird.

Die Stöcke müssen recht lang sein, damit man nicht zu dicht ans Feuer muss. Vor dem Drapieren des Brotes sollten die Stöcke gut gesäubert werden. Am besten werden sie auch etwas gewässert, damit das Holz nicht anbrennt.

Je nach Geschmack kann man dem Brotteig noch getrocknete Kräuter wie Rosmarin, Thymian oder Oregano hinzufügen.

Baguette à l’ancienne

Zutaten für 3 Baguettes

Für den Vorteig:

¼ TL Trockenhefe
275 ml lauwarmes Wasser
275 g Weizenmehl (Type 1050)

Für den Hauptteig:

¼ TL Trockenhefe
etwa 225 ml lauwarmes Wasser
340 g Weizenmehl (Type 1050)
2 TL Salz
etwas Öl für die Schüssel

- Am Vortag den **Vorteig** zubereiten. Dazu die Hefe in dem lauwarmen Wasser auflösen. Das Mehl unterrühren. Den Vorteig 4 Stunden abgedeckt bei Zimmertemperatur gehen lassen. Über Nacht in den Kühlschrank stellen.
- Für den **Hauptteig** am nächsten Tag den Vorteig etwa 1 Stunde vor der Weiterverarbeitung aus dem Kühlschrank nehmen, damit er Raumtemperatur annehmen kann.
- Trockenhefe in dem Wasser auflösen und zum Vorteig geben. Vorsichtig umrühren.
- Das Mehl hinzugeben und gut verkneten. Der Teig sollte sich gut von der Schüssel lösen und zu einer Kugel formen lassen. Gegebenenfalls noch etwas Wasser oder Mehl hinzufügen. Zum Schluss das Salz dazugeben.
- Den Teig etwa 10 Minuten gründlich auf einer bemehlten Fläche kneten. Teig zu einer Kugel formen und in einer leicht eingeölten Schüssel abgedeckt 20 Minuten gehen lassen.

- Teig erneut kurz durchkneten und zusammenfalten. Wiederum 20 Minuten gehen lassen und anschließend erneut kneten und zusammenfalten. Das Ganze nach 20 Minuten noch einmal wiederholen. Anschließend den Teig 1 Stunde lang gehen lassen.
- Den Teig teilen und zu zwei Kugeln formen. Diese Kugeln noch einmal 30 Minuten gehen lassen.
- Die Teigkugeln zu länglichen Baguettestangen formen, die Enden sollten dabei leicht spitz auslaufen. Die Brote abdecken und noch einmal 30 Minuten gehen lassen. Die Baguettes sollten jetzt schön luftig sein.
- Den Ofen auf 230 °C vorheizen. Die Baguettes einschneiden. Besonders hübsch sehen die Schnitte aus, wenn sie lang und diagonal durchgeführt werden. Die Brote vorsichtig mit wenig Mehl bestäuben.
- Die Baguettes auf einem gut bemehlten Brotschieber in den Ofen einschieben. Eine Tasse heißes Wasser in den Ofen geben. Die Ofenwände mit Wasser besprühen. Nach 1 bis 2 Minuten das Besprühen wiederholen. Die Baguettes etwa 30 Minuten backen. Sie sollen schön braun sein, die Enden etwas dunkler als der Rest.

Tipp: Durch die vielen Knet- und Ruhephasen ein aufwändiges Baguette. Dafür wird die Mühe mit einem sehr schmackhaften Brot belohnt.

Baguette

Zutaten für 3 Baguettes

Für den Vorteig:

110 g Weizenvollkornmehl
110 g Weizenmehl (Type 1050)
3/4 TL Salz
3/4 TL Trockenhefe
190 ml Wasser
etwas Öl zum Einsprühen

Für den Hauptteig:

225 g Weizenmehl (Type 1050)
1/2 TL Backmalz oder Honig oder Roh-Rohrzucker
3/4 TL Trockenhefe
350 ml Wasser
1 1/4 TL Salz
etwas Öl zum Einsprühen

- Für den **Vorteig** Mehl, Salz und Hefe in einer Rührschüssel vermischen und Wasser hinzufügen. Die Zutaten so lange verrühren, bis sich der Teig als Kugel von der Schüsselwand löst.
- Den Teig auf einer bemehlten Fläche gut 10 Minuten kneten. Zu einer Kugel formen, leicht mit Öl einsprühen und 90 Minuten gehen lassen
- Anschließend den Teig kurz durchkneten, wieder zu einer Kugel formen und abgedeckt über Nacht in den Kühlschrank stellen.
- Am nächsten Tag den Vorteig aus dem Kühlschrank holen. 225 g abwiegen und Raumtemperatur annehmen lassen. Restlichen Vorteig einfrieren oder für die nächsten Baguettes in den Kühlschrank stellen.

- Für den **Hauptteig** Mehl, Backmalz und Hefe in einer Schüssel vermischen, Wasser dazugeben und alles zu einem Teig verrühren. Den Teig 10 Minuten kneten und 20 Minuten ruhen lassen.
- Vorteig und Salz zum Teig geben und gut verkneten. Leicht mit Öl besprühen und 30 Minuten ruhen lassen, danach wiederum kurz kneten.
- Den Teig 90 Minuten ruhen lassen.
- Baguettes formen und 15 Minuten stehen lassen. Danach – gut abgedeckt – über Nacht (oder mindestens 6 bis 8 Stunden) in den Kühlschrank stellen.
- Die Baguettes vor dem Backen mindestens 30 Minuten akklimatisieren lassen. 15 Minuten vor dem Backen die Abdeckung abnehmen, damit die Brote leicht antrocknen können. Unmittelbar vor dem Backen einschneiden.
- Den Ofen auf 250 °C vorheizen. Die Brote in den Ofen schieben. 1 Tasse heißes Wasser in den Ofen geben, den Ofen und die Brote mehrmals in kurzen Abständen mit Wasser besprühen.
- Nach 5 Minuten die Ofentemperatur auf 230 °C reduzieren. Brote 15 bis 25 Minuten weiterbacken, je nach Größe der Baguettes. Den Ofen ausschalten und die Brote noch für 5 bis 10 Minuten im geschlossenen Ofen lassen. Vor dem Servieren auskühlen lassen.

Tipp: Den Vorteig kann man gut vorbereiten und einfrieren, dadurch reduziert sich die Zubereitungszeit. Man kann auch vom Hauptteig etwas Teig abnehmen und für die Zubereitung neuer Baguettes am nächsten Tag zurückbehalten.

Baguettes schmecken am besten, wenn sie frisch oder innerhalb von 4 Stunden nach dem Backen gegessen werden.

So variieren Sie die Form: Die Teigmenge teilen und beide Teile zu langen Strängen rollen. Die beiden Stränge dreht man umeinander, so dass ein zopfähnliches Baguette entsteht.

Baguettevariationen

Das Grundrezept für Baguettes können Sie beliebig variieren:

- Sie können Nüsse unter den Hauptteig kneten oder Kräuter unterarbeiten. Mediterran wird das Baguette durch die Zugabe von entkernten Oliven.
- Mit einem Grundrezept können Sie so mehrere unterschiedliche Baguettes backen.

> **Tipp:** Dünne Baguettescheiben lassen sich gut trocknen und als Croutons für Zwiebel- oder Tomatensuppe verwenden.

Piadina Romagnola

Zutaten für 4 Fladenbrote

400 g Weizenmehl (Type 1050)
20 g frische Hefe
1 Prise Vollrohrzucker
250 ml lauwarme Milch
2 EL Olivenöl
½ TL Salz

- Das Mehl in eine Schüssel geben und eine Mulde in die Mitte drücken.
- Hefe, Zucker und Milch in der Mulde vermischen und ein wenig Mehl mit untermischen. Diesen Vorteig abgedeckt etwa 15 Minuten ruhen lassen.
- Öl und Salz hinzufügen und alle Zutaten zu einem Teig vermischen.
- Den Teig gut durchkneten, zu einer Kugel formen und etwa 30 Minuten gehen lassen.
- Den Teig in vier gleich große Stücke teilen, jeweils zu einer Kugel formen und zu einem kreisförmigen Fladen ausrollen.
- Eine schwere Pfanne auf mittlere Hitze vorheizen. Den Fladen in die Pfanne geben und gleich mehrmals mit einer Gabel einstechen, damit sich nicht zu viele Blasen bilden. Unter mehrmaligem Wenden etwa 8 Minuten backen. Die Fladen sollten schöne braune Flecken haben. Sofort servieren!

Tipp: Diese Fladenbrote fehlten in der Emiglia Romagna früher bei keinem Essen. Jeder hatte sein eigenes Rezept. Traditionell wurde als Fettbeigabe Schweineschmalz verwendet, einige Bäcker verwenden Backpulver, andere lassen den Teig durch Verwendung von kohlensäurehaltigem Wasser lockern.

Die Piadini eignen sich hervorragend zum Füllen, z. B. mit klein geschnittenen Tomaten und gewürfeltem Mozzarella.

Ciabatta

Zutaten für 2 Ciabatte

Für den Vorteig:

⅛ TL Trockenhefe
2 EL lauwarmes Wasser
80 ml lauwarmes Wasser
140 g Weizenmehl (Type 1050)

Für den Hauptteig:

2 EL lauwarme Milch
½ TL Trockenhefe
175 ml lauwarmes Wasser
1 EL Olivenöl
270 g Weizenvollkornmehl
1½ TL Salz
etwas Öl für die Frischhaltefolie

- Für den **Vorteig** die Trockenhefe mit den 2 EL Wasser verrühren und kurz gehen lassen.
- Die angerührte Hefe mit dem restlichen Wasser und dem Mehl vermischen. Die Schüssel gut abdecken und den Teig 12 Stunden (über Nacht) bei Zimmertemperatur stehen lassen.
- Für den **Hauptteig** die Milch mit der Hefe mischen und 5 Minuten stehen lassen.
- Nun den Vorteig und die angerührte Hefe mit Wasser, Öl, Mehl und Salz zu einem Teig vermischen.
- Den Teig mit einem großen Holzlöffel kräftig schlagen. Er ist sehr klebrig und lässt sich kaum mit den Händen kneten.
- Den Teig abgedeckt etwa 90 Minuten gehen lassen. Sein Volumen sollte er dann verdoppelt haben.

- Den Teig auf ein mit Backpapier ausgelegtes Backblech geben und in zwei Teile teilen. Jedes Teil zu einem ciabattaförmigen Rechteck ausbreiten. Mit einer leicht eingeölten Frischhaltefolie abdecken und nochmals 90 Minuten gehen lassen.
- Frischhaltefolie entfernen und die Brote 20 Minuten bei 220 °C backen.

Tipp: Ciabatta heißt im Italienischen nichts anderes als „Slipper" und spielt auf die latschenförmige Gestalt der Brote an.

Italienische Focaccia

Zutaten für 1 große Focaccia oder mehrere kleine Focacce

500 g Weizenvollkornmehl
½ Würfel frische Hefe
275 ml lauwarmes Wasser
50 ml Olivenöl
1½ TL Salz
Olivenöl zum Beträufeln
grobes Meersalz zum Bestreuen

- Mehl in eine Schüssel geben, in die Mitte eine Mulde drücken.
- Hefe hineinbröckeln und mit einem Teil des Wassers und etwas Mehl zu einem Vorteig verrühren. Das Ganze 15 Minuten ruhen lassen.
- Das restliche Wasser, Olivenöl und Salz hinzufügen und alles zu einem geschmeidigen Teig verkneten. Anschließend gut mit den Händen durchkneten.
- Teig zu einer Kugel formen und abgedeckt gut 1 Stunde gehen lassen, bis sich das Teigvolumen fast verdoppelt hat.
- Den Teig kurz durchkneten und zu einem ovalen, großen oder zu mehreren kleinen Fladen ausrollen. Mit einem Finger in regelmäßigen Abständen kleine Mulden in den Teig drücken, mit Olivenöl beträufeln und mit Meersalz bestreuen. Das Brot mit Frischhaltefolie abdecken und nochmals 20 bis 30 Minuten gehen lassen.
- Frischhaltefolie entfernen. Den Ofen auf 220 °C vorheizen und die Focacce etwa 25 bis 30 Minuten backen. Die Kruste sollte eine schöne, goldbraune Farbe haben und knusprig sein. Ofenfrisch servieren.

Tipp: Aus dem Teig kann man auch mehrere verschiedene Focacce backen. Mit unterschiedlichem Belag hat man beispielsweise für ein Büfett für jeden Geschmack etwas dabei.

Lassen Sie beim Belegen Ihrer Phantasie freien Lauf. Viele Kombinationen sind möglich. Betrachten Sie die folgenden Variationen lediglich als Anregung.

Focacciavariationen

Focaccia Toskana

1 Grundrezept italienische Focaccia
1 Bund Rosmarin

- Auf den backfertigen Fladen werden kleine Büschel Rosmarin in die Mulden im Teig gedrückt.

Focaccia mit karamellisierten Zwiebeln

1 Grundrezept italienische Focaccia
3-4 Zwiebeln
1-2 EL Vollrohrzucker

- Die Zwiebeln auf einem Gemüsehobel in sehr dünne Scheiben schneiden und auf der Focaccia verteilen. Zucker leicht über die Zwiebeln streuen und nach Rezept backen.

Focaccia mit Ziegenkäse

1 Grundrezept italienische Focaccia
1 Rolle (200 g) Ziegenkäse
1-2 EL Honig
2-3 Zweige Thymian

- Den Käse in dünne Scheiben schneiden. Gleichmäßig auf der Focaccia verteilen.
- Auf jede Käsescheibe ein wenig Honig träufeln. Thymianblättchen auf der Focaccia verteilen und nach Rezept backen.

Focaccia mit Tomaten und Parmesan

1 Grundrezept italienische Focaccia
250 g Kirschtomaten
100 g Parmesan (z. B. Grana Padano)

- Die Kirschtomaten halbieren und auf der Focaccia verteilen.
- Den Käse reiben und über die Focaccia streuen. Nach Rezept backen. Der Käse sollte leicht bräunen.

Indisches Naanbrot

Zutaten für 4 Brote

¾ TL Trockenhefe
1 TL Vollrohrzucker oder Honig
75 ml lauwarme Milch
250 g Weizenmehl (Type 1050)
75 g Naturjoghurt
½ TL Salz
1 EL Öl
etwas Öl für die Schüssel

- Die Trockenhefe mit dem Vollrohrzucker in der Milch auflösen und 5 Minuten stehen lassen.
- Mehl in eine Schüssel geben, Hefeansatz und die restlichen Zutaten hinzufügen und alles zu einem geschmeidigen Teig verkneten.
- Den Teig in einer geölten Schüssel etwa 40 Minuten gehen lassen, bis sich das Teigvolumen in etwa verdoppelt hat.
- Den Backofen auf 250 °C vorheizen.
- Den Teig in vier Teile teilen und zu kleinen Kugeln formen. Diese Kugeln auf einer bemehlten Arbeitsfläche oval ausrollen (etwa 6 bis 8 mm dick).
- Die Naan im Ofen etwa 5 bis 7 Minuten backen, die Brote plustern sich dabei leicht auf.
- Die fertigen Brote aus dem Ofen nehmen und bis zum Servieren in ein Küchentuch einschlagen.

Tipp: Naan sind traditionelle indische Hefebrote. Sie werden in Indien im sehr heißen Tandoorofen gebacken und zu Dals und Gemüsecurrys gereicht. Naan schmecken natürlich auch zu verschiedenen Dips.

Wenn man öfter Naan essen möchte, kann man auch die doppelte Menge Teig zubereiten und die Hälfte des Teiges einfrieren, am besten schon als kleine Teigkugeln portioniert. Bei Bedarf dann auftauen (etwa 1 Stunde bei Zimmertemperatur), ausrollen und backen. Naan schmecken frisch am besten!

Dinkelfladen mit Walnüssen

Zutaten für 1 großes Fladenbrot

500 g Dinkelvollkornmehl
25 g frische Hefe
1 Prise Roh-Rohrzucker
275 ml lauwarmes Wasser
200 g Walnüsse
1 Ei
1 EL Olivenöl
1 TL Salz

Für den Belag:
etwas Milch
zerstoßener, schwarzer Pfeffer
grobes Meersalz

- Das Mehl in eine Schüssel geben und in die Mitte eine Mulde hineindrücken.
- Hefe mit dem Zucker in dem Wasser auflösen und in die Mulde geben. Mit ein wenig Mehl vom Rand der Mulde vermengen. Diesen Vorteig 10 Minuten ruhen lassen.
- 150 g Walnüsse grob hacken, den Rest für den Belag zur Seite stellen.
- Ei, Öl und Salz zu dem Vorteig geben und alle Zutaten zu einem geschmeidigen Teig verkneten, dann die gehackten Walnüsse einarbeiten.
- Den Teig zu einer Kugel formen und etwa 1 Stunde gehen lassen, bis sich das Teigvolumen fast verdoppelt hat.
- Den Teig noch einmal durchkneten und dann zu einem großen Fladen formen.
- Fladen mit etwas Milch bestreichen, mit Pfeffer und Salz bestreuen und die restlichen Walnüsse leicht in den Fladen eindrücken. Abgedeckt 15 Minuten gehen lassen.
- Den Ofen auf 200 °C vorheizen und das Fladenbrot 12 bis 15 Minuten backen.

Kräuterfladenbrot

Zutaten für 1 großes Fladenbrot oder mehrere kleine Fladenbrote

20 g frische Hefe
300 ml lauwarmes Wasser
250 g Weizenvollkornmehl
250 g Weizenschrot
5 EL Olivenöl
1 EL Salz

Für den Belag:

1 Knoblauchzehe
5 EL Olivenöl
1 EL frisch gehackter Rosmarin
1 EL frischer Oregano
1 TL grobes Meersalz

- Für den Teig die Hefe im lauwarmen Wasser auflösen und 5 Minuten stehen lassen.
- Mehl und Schrot in einer Schüssel vermischen. Hefeansatz mit Öl und Salz dazugeben und alle Zutaten zu einem Teig vermischen.
- Teig etwa 5 Minuten auf einer bemehlten Arbeitsfläche kneten. Zu einer Kugel formen und gut abgedeckt 30 Minuten ruhen lassen.
- Den Teig kurz durchkneten und zu einem großen Fladenbrot oder zu mehreren kleinen Fladenbroten formen. Auf ein Backblech geben und abgedeckt etwa 30 Minuten gehen lassen.
- Für den Belag die Knoblauchzehe schälen und in sehr feine Würfel schneiden oder durch eine Knoblauchpresse drücken.

- Knoblauch zum Öl geben. Knoblauchöl auf dem Fladenbrot verteilen, dabei aufpassen, dass das Öl nicht an den Seiten herunterläuft. Dazu eventuell kleine Dellen in den Teig drücken.
- Mit Rosmarin, Oregano und Meersalz bestreuen.
- Im vorgeheizten Ofen bei 210 °C 15 bis 20 Minuten backen.

Tipp: Das Kräuterfladenbrot lässt sich beliebig variieren. Statt der angegebenen Kräuter können Sie auch andere frische Kräuter wie Thymian, Salbei und Majoran oder Mischungen aus getrockneten Kräutern wie „Kräuter der Provençe“ verwenden.

Das Brot passt wunderbar zu einem mediterranen Büfett.

Italienisches Weizenbrot

Zutaten für 2 Brote oder 15 Brötchen

Für den Vorteig:

320 g Weizenmehl (Type 1050)
225 - 240 ml lauwarmes Wasser
½ TL Trockenhefe
etwas Öl für die Schüssel

Für den Hauptteig:

320 g Weizenmehl (Type 1050)
150 ml lauwarmes Wasser
150 ml lauwarme Milch
1½ TL Salz
1 EL Vollrohrzucker
1 TL Trockenhefe
1 TL Backmalz
1 TL Olivenöl
etwas Öl für die Schüssel und zum Besprühen

- Die Zutaten für den **Vorteig** verkneten, bis sich der Teig vom Schüsselrand löst. Gut 6 Minuten mit der Hand kneten.
- Den Teig zu einer Kugel formen und in einer leicht eingeölten Schüssel abgedeckt 2 bis 4 Stunden gehen lassen, bis sich das Teigvolumen verdoppelt hat. Das kann im Winter tatsächlich 4 Stunden dauern, im Sommer können aber auch 90 Minuten ausreichen.
- Den Teig leicht kneten und wieder in die Schüssel legen. Über Nacht im Kühlschrank aufbewahren.
- Am nächsten Tag den Vorteig 1 Stunde vor Zubereitung des Hauptteiges aus dem Kühlschrank nehmen.
- Für den **Hauptteig** Mehl, Wasser, Milch, Salz und Zucker sowie Hefe, Backmalz und Öl mit dem Vorteig vermischen und zu einem glatten Teig verarbeiten.

- Den Teig gut 10 Minuten mit der Hand kneten. Er sollte nicht kleben, sondern geschmeidig sein (eventuell noch etwas Mehl unterarbeiten).
- Teig zu einer Kugel formen und in einer leicht eingeölten Schüssel abgedeckt rund 2 Stunden gehen lassen, bis sich das Teigvolumen verdoppelt hat.
- Den Teig vorsichtig zu zwei großen, länglichen Broten formen oder zu 15 Brötchen formen. Dabei nicht zu stark kneten.
- Mit einem Tuch abdecken und 5 Minuten ruhen lassen.
- Die Brote auf ein mit Backpapier belegtes Backblech legen, leicht mit Öl einsprühen und mit Frischhaltefolie abdecken. 1 Stunde gehen lassen.
- Den Ofen auf 250 °C vorheizen. Frischhaltefolie entfernen. Die Brote in den Ofen schieben und sofort ½ Tasse heißes Wasser in den Ofen geben. Die Ofenwände mehrmals in kurzem Abstand mit Wasser besprühen.
- Die Backtemperatur nach 5 Minuten auf 230 °C reduzieren und die Brote weitere 20 Minuten backen. Bei Brötchen verringert sich die Backzeit um 5 Minuten.

Tipp: Wenn Sie die Temperatur auf 200 °C statt auf 230 °C reduzieren, wird die Backzeit verlängert und die Brotkruste knuspriger.

Der Vorteig („Biga“) hält sich im Kühlschrank knapp 3 Tage. Sie können ihn im Voraus zubereiten und bei Bedarf weiterverarbeiten. Die Zubereitungszeit verringert sich dadurch erheblich.

Variation: Brotsticks

Zutaten für 40 Brotstangen

1 Rezept italienisches Weizenbrot

Zum Bestreuen:

Sesam
Mohn
grobes Meersalz

- Für die Brotsticks muss der Brotteig nicht zu Broten geformt werden. Der Teig wird in kleinen Portionen per Hand zu Stangen gerollt. Die „Sticks" sehen dann sehr unterschiedlich und rustikal aus.
- Die gerollten Brotstangen in den Saaten bzw. dem Salz wälzen.
- Sie können den Teig aber auch dünn ausrollen und mit dem Teigrad längliche, dünne Stangen ausradeln. Großzügig mit Sesam, Mohn und Salz bestreuen.
- Brotstangen noch einmal etwa 30 Minuten gehen lassen.
- Bei 175 °C im vorgeheizten Ofen zwischen 20 und 35 Minuten backen, bis die Stangen eine schöne goldbraune Farbe angenommen haben.

Tipp: Wenn Sie Brotstangen weniger knusprig mögen, können Sie die Backtemperatur auf etwa 210 °C erhöhen und entsprechend kürzer backen. Mit diesem Teig lassen sich auch kleine, baguetteartige dünne Stangen backen, die gut zu Tapas passen.

Zwieback

Zutaten für 30 Zwiebackscheiben

1 Würfel frische Hefe
30 g Vollrohrzucker
250 ml lauwarme Milch
600 g Weizenmehl (Type 1050)
20 g weiche Butter
½ TL Salz
etwas Milch zum Bestreichen

- Die Hefe mit dem Zucker in der Milch auflösen, 5 Minuten stehen lassen.
- Mehl in eine Schüssel geben, Hefe dazugießen und mit Butter und Salz zu einem Hefeteig verkneten.
- Den Teig zu einer Kugel formen und zugedeckt an einem warmen Ort 1 Stunde gehen lassen, bis sich das Teigvolumen verdoppelt hat.
- Aus dem Teig drei Rollen formen und auf einem mit Backpapier ausgelegten Backblech abgedeckt etwa 30 Minuten ruhen lassen.
- Die Teigrollen mit Milch bestreichen. Den Backofen auf 180 °C vorheizen, Backblech in den Ofen schieben und die Brote etwa 30 Minuten backen, bis sie goldgelb sind.
- Die Rollen auskühlen lassen, am besten mehrere Stunden.
- Zwieback in Scheiben schneiden und im Ofen bei 60 °C etwa 1 Stunde trocknen. Wer gerne experimentiert, kann versuchen, die Scheiben aufrecht aufzustellen. Wer sie liegend trocknet, sollte die Scheiben nach der Hälfte der Trockenzeit einmal wenden.

Bagels

Zutaten für 20 Bagels

Für den Vorteig:

500 g Weizenvollkornmehl
1 TL Trockenhefe
350 ml Wasser
200 ml Milch

Für den Hauptteig:

½ TL Trockenhefe
480 g Weizenvollkornmehl
1 EL Salz
2 TL Backmalz
etwas Öl zum Besprühen

außerdem

1 EL Natron

- Für den **Vorteig** alle Zutaten zu einem Teig verrühren. Der Teig hat ungefähr die Konsistenz von Pfannkuchenteig. Abgedeckt bei Zimmertemperatur 2 Stunden stehen lassen.
- Für den **Hauptteig** die Hefe zum Vorteig geben, dann die restlichen Zutaten unterkneten, bis ein geschmeidiger, eher fester Teig entsteht. Sollte der Teig noch kleben, etwas Mehl unterarbeiten. Den Teig in etwa zwanzig Portionen teilen und zu Kugeln formen.
- Die Bagels abgedeckt 20 Minuten ruhen lassen.
- In die Mitte der Brötchen ein Loch drücken. Die Bagels auf ein mit Backpapier belegtes Backblech legen und leicht mit Öl einsprühen. Zugedeckt weitere 20 Minuten ruhen lassen.
- Bagels über Nacht gut abgedeckt in den Kühlschrank stellen und ruhen lassen.
- Am nächsten Tag Bagels aus dem Kühlschrank holen.
- Den Backofen auf 250 °C vorheizen.

- Wasser in einem breiten Topf zum Kochen bringen. Natron hinzufügen und die Bagels von jeder Seite etwa 1 Minute in dem Wasser ziehen lassen.
- Mit einer Schaumkelle herausnehmen, abtropfen lassen und auf das Backblech zurücklegen.
- Brötchen in den Ofen schieben und 5 Minuten backen.
- Temperatur auf 220 °C reduzieren und weitere 5 Minuten backen, bis die Bagels schön braun sind.

Tipp: Die Bagels vor dem Backen mit Sesam, Mohn oder Leinsamen bestreuen.

Brotkräcker

Zutaten für etwa 30 Kräcker

175 g Weizenvollkornmehl
25 g Roggenvollkornmehl
¾ TL Trockenhefe
1 EL Honig
1 EL Öl
1½ TL Salz
100 - 125 ml lauwarmes Wasser
etwas Öl für die Schüssel

Gewürze zum Bestreuen:
Mohn
Sesam
Paprika
grobes Meersalz
Kreuzkümmel
Kümmel

- Weizen- und Roggenmehl in einer Schüssel vermischen. Die restlichen Zutaten dazugeben, dabei mit dem Wasser vorsichtig sein, eventuell ist nicht die gesamte Menge erforderlich.
- Alle Zutaten zu einem Teig vermischen und 10 Minuten kneten.
- Den Teig in einer leicht eingeölten Schüssel rund 90 Minuten abgedeckt ruhen lassen, bis sich das Teigvolumen fast verdoppelt hat.
- Den Teig auf einem mit Backpapier ausgelegten Backblech sehr dünn ausrollen. Abgedeckt etwa 5 Minuten ruhen lassen.
- Den Teig mit Gewürzen bestreuen. Dazu jedes Gewürz in einer dünnen Linie auftragen, so dass ein einheitliches Streifenmuster entsteht oder jeweils eine kleine Fläche mit einem Gewürz bestreuen.

- Mit einem Teigrad Trapeze, Rechtecke oder Dreiecke ausschneiden. Wenn Sie die Gewürze in Streifen aufgetragen haben, hat hinterher jeder Kräcker jeweils einen kleinen Streifen von jedem Gewürz. Im zweiten Fall ist jeder Kräcker mit nur einem Gewürz bestreut.
- Den Backofen auf 180 °C vorheizen und die Kräcker 15 bis 20 Minuten backen.

Tipp: Wenn die Kräcker sehr dünn ausgerollt wurden, kann die Backzeit auch nur knapp 15 Minuten betragen.

Die Kräcker schmecken als Knabberei ebenso gut wie als Dipbrot.

Brot und Brötchen mit Backferment

Roggen-Nuss-Brot

Zutaten für 1 großes Brot oder 2 kleine Brote

Für den Vorteig:

1 gehäufter TL Backferment-Grundansatz
1 gehäufter TL Backfermentgranulat
300 ml lauwarmes Wasser
250 g Roggenvollkornmehl
50 g Roggenschrot

Für den Hauptteig:

400 g Weizenvollkornmehl
300 g Roggenvollkornmehl
etwa 400 ml lauwarmes Wasser
2 EL Salz
100 g ganze Haselnüsse

- Den **Vorteig** am Vorabend zubereiten. Dazu den Grundansatz und das Backferment in einem Teil des warmen Wassers auflösen.
- Mehl, Schrot und restliches Wasser dazugeben und alles zu einem Teig verkneten. Diesen Vorteig mit Frischhaltefolie abgedeckt über Nacht an einem warmen Ort gehen lassen.
- Für den **Hauptteig** am nächsten Tag Mehl, Wasser und Salz zum Vorteig geben und die Zutaten zu einem Teig verkneten.
- Den Teig auf einer bemehlten Fläche etwa 5 Minuten gut kneten, dabei die Haselnüsse unterarbeiten. An einem warmen Ort etwa 30 bis 50 Minuten abgedeckt ruhen lassen.
- Teig nur leicht kneten, zu einer großen oder zwei kleinen Kugeln formen und noch einmal 30 bis 50 Minuten, am besten in einem Gärkorb oder in einer Brotbackform, abgedeckt gehen lassen.
- Das Brot mit Wasser bepinseln. Nach Belieben ein Muster in die Oberfläche schneiden.

- Den Ofen auf 220 °C vorheizen und das Brot in den Ofen schieben. ½ Tasse heißes Wasser in den Ofen geben oder den Ofen mehrmals mit Wasser besprühen.
- Das Brot etwa 90 Minuten backen (zwei kleine Brote etwa 1 Stunde).

Leinsamenmischbrot

Zutaten für 1 großes Brot oder 2 kleine Brote

Für den Vorteig:

1 gehäufter TL Backferment-Grundansatz
1 gehäufter TL Backfermentgranulat
300 ml lauwarmes Wasser
250 g Roggenvollkornmehl
50 g Roggenschrot

Für den Hauptteig:

700 g Weizenvollkornmehl
etwa 400 ml lauwarmes Wasser
50 g Leinsamen
2 EL Salz

Zum Bestreuen:

2 EL Leinsamen

- Am Abend den **Vorteig** zubereiten. Dazu den Grundansatz und das Backferment in einem Teil des warmen Wassers auflösen.
- Roggenmehl, Roggenschrot und restliches Wasser dazugeben und zu einem Teig verkneten. Diesen Vorteig mit Frischhaltefolie abdecken und über Nacht an einem warmen Ort gehen lassen.
- Am nächsten Tag für den **Hauptteig** Mehl, Wasser, Leinsamen und Salz zum Vorteig geben und alles zu einem Teig verkneten. Den Teig an einem warmen Ort 30 bis 50 Minuten abgedeckt ruhen lassen.
- Teig kurz kneten, zu einer Kugel formen und noch einmal 30 bis 50 Minuten in einem Gärkorb gehen lassen.
- Leinsamen auf das Brot streuen und ganz leicht mit der Handfläche andrücken, dabei das Brot aber nicht platt drücken.
- Nach Belieben ein Muster in die Oberfläche schneiden.

- Den Ofen auf 220 °C vorheizen und das Brot hineinschieben. ½ Tasse heißes Wasser in den Ofen geben oder die Ofenwände mehrmals mit Wasser besprühen. Das Brot etwa 90 Minuten backen.

Tipp: Aus der gleichen Teigmenge können auch zwei kleine Brote geformt werden, dabei reduziert sich die Backzeit auf gut 1 Stunde.

Mehrkorn-Sonnenblumen-Brot

Zutaten für 1 großes Brot oder 2 kleine Brote

Für den Vorteig:

1 gehäufter TL Backferment-Grundansatz
1 gehäufter TL Backfermentgranulat
300 ml lauwarmes Wasser
250 g Roggenvollkornmehl
50 g Dinkelschrot

Für den Hauptteig:

400 g Sechskornmehl
300 g Weizenvollkornmehl
2 EL Salz
etwa 400 ml lauwarmes Wasser
100 g Sonnenblumenkerne

- Am Abend oder Spätnachmittag den **Vorteig** ansetzen. Dazu den Grundansatz und das Backferment in einem Teil des warmen Wassers auflösen. Roggenmehl, Dinkelschrot und den Rest des Wassers dazugeben und alles zu einem Teig verkneten. Den Vorteig mit Frischhaltefolie abdecken und über Nacht an einem warmen Ort ruhen lassen.
- Für den **Hauptteig** Mehl, Salz und Wasser zum Vorteig geben und alles zu einem Teig verkneten.
- Auf einer bemehlten Fläche den Teig etwa 5 Minuten gut kneten und dabei die Sonnenblumenkerne einarbeiten. Den Teig zu einer Kugel formen und an einem warmen Ort etwa 40 Minuten abgedeckt ruhen lassen.
- Anschließend den Teig kurz durchkneten, zu einer Kugel formen und noch einmal etwa 40 Minuten gehen lassen.
- Nach Belieben ein Muster in die Oberfläche schneiden.
- Das Brot in den auf 220 °C vorgeheizten Backofen schieben. Die Wände des Ofens mit Wasser besprühen oder ½ Tasse heißes Wasser in den Ofen geben.

- Das Brot etwa 90 Minuten backen.
- Falls Sie aus der Teigmenge lieber zwei kleine Brote backen möchten, verringert sich die Backzeit auf etwa 1 Stunde.

Amarantbrötchen

Zutaten für 15 Brötchen

Für den Vorteig:

1 gehäufter TL Backferment-Grundansatz
1 gehäufter TL Backfermentgranulat
150 ml lauwarmes Wasser
125 g Roggenvollkornmehl
25 g Roggenschrot

Für den Hauptteig:

200 g Weizenvollkornmehl
150 g Amarant, fein vermahlen
200 ml lauwarmes Wasser
1 EL Salz

- Den **Vorteig** am Vorabend zubereiten. Dazu den Grundansatz und das Backferment in einem Teil des warmen Wassers auflösen. Mehl, Schrot und restliches Wasser zugeben und zu einem Teig verkneten. Diesen Vorteig mit Frischhaltefolie (ein Tuch allein reicht nicht!) abgedeckt über Nacht an einem warmen Ort gehen lassen.
- Für den **Hauptteig** am nächsten Tag Weizen- und Amarantmehl, Wasser und Salz zum Vorteig geben und alles gut vermischen. Den Teig auf einer bemehlten Fläche etwa 5 Minuten gut kneten.
- Den Teig an einem warmen Ort etwa 30 bis 50 Minuten abgedeckt ruhen lassen.
- Teig leicht kneten und in etwa 15 kleine Portionen (etwa 60 g) teilen. Zu kleinen Kugeln formen und auf ein Backblech legen.
- Brötchen mit Frischhaltefolie abdecken und nochmals 45 Minuten gehen lassen. Die Brötchen nach Belieben einschneiden und mit Wasser bepinseln.

- Den Ofen auf 220 °C vorheizen, Frischhaltefolie von den Brötchen entfernen und das Backblech in den Ofen schieben. ½ Tasse heißes Wasser in den Ofen geben oder in den ersten 5 Minuten den Ofen mehrmals mit Wasser besprühen.
- Die Brötchen 25 bis 30 Minuten backen und eventuell nach der Hälfte der Backzeit drehen, damit sie gleichmäßig bräunen.

Buchweizen-Karotten-Brot

Zutaten für 1 Brot

Für den Vorteig:

1 TL Backferment-Grundansatz
1 TL Backfermentgranulat
100 ml Wasser
100 g Weizenvollkornmehl

Für den Hauptteig:

300 ml Wasser
200 g Weizenvollkornmehl
50 g Buchweizenmehl
200 g Roggenschrot
2 TL Salz
1 Karotte, grob geraspelt

> **Tipp:** Durch die Karotte wird das Brot besonders saftig. Buchweizen verleiht dem Brot einen leicht nussigen Geschmack.

- Den **Vorteig** am Vorabend zubereiten. Dazu den Grundansatz und das Backferment in etwas Wasser auflösen. Mehl und das restliche Wasser hinzufügen und alles zu einem Teig verkneten.
- Den Vorteig abgedeckt über Nacht bei Zimmertemperatur stehen lassen.
- Für den **Hauptteig** am nächsten Tag Wasser, Weizen- und Buchweizenmehl, Roggenschrot, Salz und die geraspelte Karotte zum Vorteig geben und zu einem Teig verkneten.
- Den Teig kräftig durchkneten und zu einer Kugel formen. Abgedeckt 45 Minuten ruhen lassen.
- Den Teig zu einem Brotlaib formen und in einem Gärkorb (oder auf einem Backblech) nochmals 45 Minuten gehen lassen.
- Den Ofen auf 220 °C vorheizen und das Brot in den Ofen schieben. Für ausreichend Feuchtigkeit sorgen und das Brot etwa 1 Stunde backen.

Brot und Brötchen mit Sauerteig und Hefe

Sauerteigbrot aus der Pfanne

Zutaten für 4 kleine Brote

500 g Weizenmehl (Type 1050)
20 g frische Hefe
275 - 300 ml lauwarmes Wasser
1 TL Salz
100 g Weizensauerteig
2 EL Olivenöl für die Pfanne

- Mehl in eine Schüssel geben und in die Mitte eine Mulde drücken.
- Die Hefe in einem Teil des lauwarmen Wassers auflösen und in die Mulde geben. Leicht mit dem Mehl vom Rand der Mulde vermischen. 10 Minuten ruhen lassen.
- Diesen Vorteig mit dem restlichen Mehl, Salz, dem restlichen Wasser und dem Sauerteig vermischen und gut durchkneten. Den Teig zu einer Kugel formen und etwa 45 Minuten abgedeckt ruhen lassen.
- Den Teig in vier gleich große Teile teilen und jeweils zu einer Kugel formen. Jede Kugel auf einer leicht bemehlten Fläche kreisförmig ausrollen. Mit Frischhaltefolie abdecken und nochmals 20 Minuten gehen lassen.
- Olivenöl in einer schweren Pfanne auf mittlere Temperatur erhitzen. Die Fladenbrote in der Pfanne etwa 8 bis 10 Minuten von jeder Seite backen.

Tipp: Mit einem Tomatensalat, Ei oder Kapern belegt, heiß servieren. Diese Art Sauerteigbrot wird im arabischen Raum gebacken. Es wird vorzugsweise ganz frisch gegessen.

Kürbisbrot

Zutaten für 2 Brote

380 g Roggenvollkornmehl
420 g Weizenmehl (Type 1050)
1 Päckchen Trockenhefe
2 TL Vollrohrzucker oder 1 TL Honig
120 ml lauwarmes Wasser
500 g Kürbismus
150 g Roggensauerteig
1 EL Salz
150 g Kürbiskerne

Tipp: Kürbismus ist leicht hergestellt: Kürbisfleisch klein schneiden und mit wenig Wasser dünsten, bis der Kürbis weich ist. Pürieren und durch ein Sieb streichen – fertig!

- Mehl in einer Schüssel mischen, in die Mitte eine Mulde drücken.
- Hefe mit dem Zucker oder Honig in dem Wasser auflösen.
- Hefeansatz mit dem Kürbismus in die Mulde geben und mit ein wenig Mehl vom Rand zu einem Vorteig vermischen. 15 Minuten ruhen lassen.
- Sauerteig zugeben und alles zu einem Teig verkneten. Zum Schluss das Salz hinzufügen. Kräftig kneten, so dass sich der Teig vom Schüsselrand löst. Notfalls etwas Mehl oder Wasser zufügen. Den Teig abgedeckt 20 Minuten ruhen lassen.
- Den Teig noch einmal 5 Minuten kneten und dann etwa 1 Stunde gehen lassen. Das Teigvolumen sollte sich in etwa verdoppelt haben.
- Die Kürbiskerne darunterkneten und aus dem Teig zwei Laibe formen.
- Die Brote entweder auf einem gut bemehlten Brotschieber oder in Gärkörben etwa 45 Minuten gehen lassen.
- Die Brote nach Belieben einschneiden.
- Den Ofen auf 220 °C vorheizen. Die Brote in den Ofen schieben und mit ausreichend Wasserdampf 15 Minuten backen.
- Temperatur auf 180 °C reduzieren und die Kürbisbrote weitere 40 Minuten backen.

Roggen-Sonnenblumen-Brot

Zutaten für 2 Brote

Für den Sauerteigstarter:

130 g Weizenvollkornmehl
225 g Weizen- oder Roggensauerteig
50 - 100 ml Wasser

Für den Schrotansatz:

150 g Roggenschrot
150 ml Wasser

Für den Hauptteig:

380 g Weizenvollkornmehl
70 g Roggenmehl
1 TL Trockenhefe
250 ml lauwarmes Wasser
2 TL Salz
80 g Sonnenblumenkerne

- Den festen **Sauerteigstarter** am Vortag zubereiten. Dazu das Mehl mit dem Weizen- oder Roggensauerteig und Wasser zu einem Teig verkneten. Das Wasser dabei nach und nach vorsichtig dazugeben, damit der Starter nicht zu weich wird. Ausreichend kneten und bei Raumtemperatur 6 bis 8 Stunden abgedeckt gehen lassen. Über Nacht in den Kühlschrank stellen.
- Für den **Schrotansatz** Roggenschrot in Wasser einweichen und ebenfalls über Nacht in den Kühlschrank stellen.
- Für den **Hauptteig** 450 g Sauerteigstarter abwiegen. Den Rest im Kühlschrank aufbewahren.
- Sauerteigstarter in kleine Stücke zerpflücken und mit dem eingeweichten Roggenschrot, Mehl, Hefe, Wasser und Salz zu einem Teig verkneten. Der Teig sollte sich vom Schüsselrand lösen.

- Den Teig auf einer bemehlten Fläche etwa 8 Minuten mit der Hand kneten. Zum Schluss die Sonnenblumenkerne unterkneten.
- Den Teig zu einer Kugel formen und 1 Stunde gehen lassen.
- Anschließend kurz durchkneten und noch einmal 2 Stunden gehen lassen.
- Den Teig in zwei Portionen teilen und jeweils einen Laib Brot daraus formen. Brotlaibe auf einer bemehlten Fläche 20 Minuten ruhen lassen.
- Den Ofen auf 230 °C vorheizen und die Brote in den Ofen geben. Für ausreichend Feuchtigkeit sorgen. Nach etwa 25 Minuten beginnt das Brot dunkel zu werden.
- Temperatur auf 200 °C reduzieren und das Brot weitere 15 Minuten backen.
- Das Brot gut auskühlen lassen.

Pumpernickel

Zutaten für 2 Brote

Für den Vorteig:

200 g Roggensauerteig
120 g Roggenschrot
175 ml lauwarmes Wasser

Für den Hauptteig:

1 TL Vollrohrzucker
260 g Weizenvollkornmehl
2 EL Vollrohrzucker
1½ TL Trockenhefe
2 EL Sonnenblumenöl
50 ml lauwarmes Wasser
½ EL Salz
Öl zum Besprühen

- Am Vortag den **Vorteig** ansetzen. Dazu die Zutaten gut verrühren und 4 bis 5 Stunden bei Raumtemperatur abgedeckt stehen lassen. Über Nacht im Kühlschrank aufbewahren.
- Am nächsten Tag 1 Stunde vor der Zubereitung des Hauptteiges den Vorteig aus dem Kühlschrank nehmen und den Teig Raumtemperatur annehmen lassen.
- Für den **Hauptteig** 1 TL Vollrohrzucker in einer Pfanne erhitzen und leicht braun rösten, bis er karamellisiert.
- Den Vorteig mit Mehl, restlichem Zucker, dem Karamellzucker, Hefe, Öl, Wasser und Salz zu einem Teig verarbeiten. Der Teig sollte sich vom Schüsselrand lösen. Ist er zu feucht, einfach etwas Mehl hinzufügen.
- Den Teig auf einer bemehlten Flächen etwa 6 Minuten mit der Hand kneten.
- Den Teig in eine leicht eingeölte Schüssel geben und abgedeckt 2 Stunden ruhen lassen.

- Teig in zwei Portionen teilen und zu runden oder länglichen Brotlaiben formen. Die Brote leicht mit Öl besprühen und abgedeckt noch einmal 90 Minuten gehen lassen. Die Brote sollten ihr Volumen dabei fast verdoppeln.
- Den Ofen auf 230 °C vorheizen.
- Die Brote einschneiden und in den Backofen schieben.
  1 Tasse heißes Wasser in den Ofen geben, Ofenwände mehrmals in kurzen Abständen mit Wasser besprühen.
- Nach 5 Minuten die Temperatur auf 200 °C reduzieren und die Brote etwa 40 Minuten backen. Sollten die Brote ungleich bräunen, nach der Hälfte der Backzeit einmal drehen.

Tipp: Die Brote können auch in zwei Kastenformen gebacken werden.

Nussbrot

Zutaten für 1 Brot

Für den Schrotansatz:

150 g Roggenschrot
200 ml warmes Wasser

Für den Hauptteig:

200 g Roggenvollkornmehl
200 g Weizenvollkornmehl
10 g frische Hefe
1 EL Zuckerrübensirup (ersatzweise Honig)
100 ml Wasser
150 g Roggensauerteig
knapp 75 ml Wasser
1 EL Salz
100 g Haselnüsse

- Für den **Schrotansatz** Roggenschrot mit Wasser verrühren und 30 Minuten quellen lassen.
- Für den **Hauptteig** Roggen- und Weizenmehl in eine Schüssel geben und in die Mitte eine Mulde drücken. Hefe mit dem Sirup in Wasser auflösen und in die Mulde geben. Mit etwas Teig vom Rand vermischen und etwa 15 Minuten stehen lassen.
- Mit dem eingeweichten Schrot, Sauerteig, Wasser und Salz zu einem Teig verkneten. Der Teig ist recht feucht, lässt sich aber kneten.
- Zuletzt die Nüsse gleichmäßig unterarbeiten und gut durchkneten.
- Den Teig zugedeckt etwa 2 bis 3 Stunden gehen lassen.
- Den Teig zu einem Brotlaib formen und auf ein mit Mehl bestreutes Backblech geben. Nochmals ungefähr 1 bis 2 Stunden gehen lassen.
- Vor dem Backen mit Wasser bestreichen.

- Den Backofen auf 230 °C vorheizen und das Brot in den Ofen schieben. Für ausreichend Feuchtigkeit sorgen.
- Nach 10 Minuten die Temperatur auf 180 °C reduzieren und das Brot weitere 30 bis 40 Minuten backen.

Tipp: Sie können dieses Brot auch mit Walnüssen zubereiten.

Mohnbrötchen

Zutaten für 30 Brötchen

30 g frische Hefe
etwas lauwarmes Wasser
1 kg Weizenvollkornmehl
1 EL Backmalz
625 ml lauwarmes Wasser
150 g Weizensauerteig
20 g (1 EL + 1 TL) Salz
etwas Öl für die Schüssel

außerdem:

3 EL Milch
1 Eigelb
50 g Mohn

- Hefe mit etwas lauwarmem Wasser auflösen.
- Mehl und Backmalz in eine Schüssel geben und in die Mitte eine Mulde drücken. Hefeansatz in die Mulde geben und mit etwas Mehl vom Rand zu einem kleinen Vorteig verrühren. 10 Minuten stehen lassen.
- Diesen Vorteig mit Wasser, Sauerteig und Salz zu einem Teig verkneten.
- Knapp 10 Minuten mit den Händen auf einer leicht bemehlten Fläche kneten. Der Teig sollte nicht kleben und schön elastisch sein.
- Den Teig zu einer Kugel formen und in einer leicht eingeölten Schüssel abgedeckt 60 bis 90 Minuten gehen lassen, bis sich das Teigvolumen verdoppelt hat.
- Mit einem Teigabstecher etwa 50-g-Portionen abstechen und zu kleinen Kugeln formen.
- Brötchen auf ein mit Backpapier belegtes Backblech setzen. Das ganze Blech in eine große Plastiktüte geben oder gut mit Frischhaltefolie abdecken. Nochmals 1 Stunde gehen lassen.

- Die Milch mit dem Eigelb verquirlen und die Brötchen damit bepinseln.
- Die Brötchen großzügig mit Mohn bestreuen oder den Mohn in eine flache Schale geben und jedes Brötchen einmal kurz hineintauchen.
- Brötchen mit einer Rasierklinge kreuzförmig einschneiden.
- Die Brötchen bei 250 °C etwa 20 Minuten backen, bis sie schön gebräunt sind. Zu Beginn eine Tasse mit heißem Wasser in den Ofen geben.

Tipp: Statt mit der Rasierklinge können Sie die Brötchen auch kreuzweise mit einer Schere einschneiden.

Dieses Rezept eignet sich natürlich auch für Sesambrötchen oder Sonnenblumenbrötchen.

Mediterranes Olivenbrot

Zutaten für 1 großes Brot oder 2 kleine Brote

250 g Weizenmehl (Type 1050)
250 g Roggenvollkornmehl
75 g Roggenschrot
1 EL Salz
1½ TL Trockenhefe
1½ TL Vollrohrzucker oder Honig
280 ml lauwarmes Wasser
75 g entsteinte schwarze Oliven
110 g Roggensauerteig
90 g Mandeln
75 ml Olivenöl
1 EL getrockneter Basilikum

- Mehl, Schrot und Salz in einer Schüssel vermischen.
- Die Hefe mit dem Zucker oder Honig im warmen Wasser auflösen und etwa 15 Minuten stehen lassen.
- Hefeansatz zu dem Mehl geben. Oliven, Sauerteig, Mandeln, Olivenöl und das Basilikum ebenfalls dazugeben und die Zutaten kräftig miteinander verkneten.
- Den Teig gut 5 Minuten kneten, danach 15 bis 20 Minuten abgedeckt gehen lassen.
- Den Teig erneut durchkneten und dann zwei längliche oder einen größeren Laib formen. Nochmals etwa 25 Minuten gehen lassen.
- Die Teigoberfläche mit Wasser bestreichen und die Brote mehrmals nach Belieben einschneiden.
- Die Brote im vorgeheizten Backofen bei 220 °C 15 Minuten backen.
- Die Temperatur auf 180 °C reduzieren und weitere 45 Minuten backen.

Röggelchen (Roggenbrötchen)

Zutaten für 25 Stück

300 g Weizenmehl (Type 1050)
700 g Roggenvollkornmehl
30 g frische Hefe
etwa 3 EL lauwarmes Wasser
2 EL Roggensauerteig
1 EL Salz
550 ml Hefeweizenbier
½ TL gemahlener Kümmel
½ TL zerstoßene Koriandersamen

- Weizen- und Roggenmehl in einer Schüssel mischen. In die Mitte des Mehls eine Mulde drücken.
- Die Hefe in dem lauwarmen Wasser auflösen und in die Mulde geben.
- Mit ein wenig Mehl zu einem Vorteig verrühren und etwa 15 Minuten ruhen lassen.
- Den Sauerteig, Salz und das Bier dazugeben, eventuell noch etwas Wasser hinzufügen. Zu einem Teig verkneten, dann die Gewürze unterarbeiten.
- Den Teig 1 Stunde ruhen lassen. Das Teigvolumen sollte sich in etwa verdoppelt haben.
- Den Teig in Brötchenportionen teilen und auf ein mit Backpapier ausgelegtes Backblech legen. Nochmals etwa 20 Minuten gehen lassen.
- Die Brötchen mit Wasser bestreichen und im vorgeheizten Ofen bei 250 °C etwa 20 Minuten backen.
- Ofen auf 180 °C herunterschalten und noch 20 Minuten backen. Die Röggelchen sollten schön braun sein.

Tipp: Röggelchen sind eine Kölner Spezialität. Angeblich soll Geldmangel die Kölner dazu bewogen haben, Brötchen statt mit teurem Weizen mit dem damals billigeren Roggen zu backen. Heute haben die Roggenbrötchen oft nur einen Roggenanteil von 10 bis 20 %. Dieses Rezept ist mit 70 % Roggen noch recht ursprünglich. Röggelchen werden im Original immer paarweise gebacken.

Kletzenbrot

Zutaten für 2 Brote

200 g getrocknete Birnen (Kletzen)
150 g getrocknete Aprikosen
150 g getrocknete Pflaumen ohne Stein
100 g getrocknete Feigen
100 g getrocknete Apfelringe
1 l lauwarmes Wasser

Für den Brotteig:

400 g Weizenvollkornmehl
400 g Roggenvollkornmehl
2 TL Trockenhefe
2½ EL Trockensauerteig
2 TL Salz
570 ml Wasser

150 g Rosinen
4 EL Kirschwasser
50 g Orangeat
50 g Zitronat
75 g gehackte Mandeln
100 g Haselnüsse
50 g gehackte Walnüsse
200 g Roh-Rohrzucker
1 EL Zimt
½ TL Kardamom

Tipp: Wer keinen Alkohol verwenden möchte, kann das Kirschwasser weglassen und mehr Einweichwasser hinzugeben.

Zum Verzieren:

6 EL Wasser
3 TL Roh-Rohrzucker
blanchierte, abgezogene ganze Mandeln
3 EL gehackte Pistazien
etwas Orangeat

- Birnen, Aprikosen, Pflaumen, Feigen und Äpfel klein schneiden und 3 Stunden in dem Wasser einweichen.
- In der Zwischenzeit den **Brotteig** herstellen. Dazu Weizen- und Roggenmehl mit der Trockenhefe, dem Sauerteig und dem Salz mischen. Mit dem Wasser zu einem Teig verrühren und auf einer bemehlten Fläche kräftig kneten.
- Den Teig zu einer Kugel formen und 30 Minuten gehen lassen.
- Trockenobst abgießen, dabei 1 Tasse des Einweichwassers aufbewahren.
- Einweichwasser, Rosinen, Kirschwasser, Orangeat, Zitronat, Mandeln, Nüsse und Gewürze miteinander vermengen. Das Backobst darunter mischen.
- Knapp 1 kg Brotteig abnehmen und mit der Trockenfrüchtemischung verkneten – eine klebrige, feuchte Angelegenheit.
- Aus dem Teig zwei Laibe formen.
- Den restlichen Brotteig halbieren und jeweils dünn ausrollen. Klebt der Teig zum Ausrollen zu sehr, einfach noch Mehl dazunehmen.
- Die Brote in diesem Teig einschlagen und nebeneinander auf ein mit Backpapier ausgelegtes Backblech geben. Leicht abgedeckt 2 Stunden gehen lassen.
- Kletzenbrote im vorgeheizten Ofen bei 200 °C 10 Minuten backen, dann die Temperatur auf 175 °C herunterdrehen und die Brote weitere 50 Minuten backen.
- Wasser mit dem Zucker vermischen. Brote zum Verzieren nach dem Backen sofort mit dem Zuckerwasser bepinseln und mit Mandeln, gehackten Pistazien und Orangeat verzieren.

Rustikales Zwiebelbrot

Zutaten für 1 Brot

1 große Zwiebel
etwas Butter oder Olivenöl
2 TL Trockenhefe
1 TL Roh-Rohrzucker
450 ml lauwarmes Wasser
200 g Roggenvollkornmehl
400 g Weizenmehl (Type 1050)
150 g Roggensauerteig
1 EL Salz

- Die Zwiebel in feine Würfel schneiden. Fett oder Öl in einer Pfanne erhitzen und die Zwiebelwürfel goldbraun rösten.
- Die Hefe mit dem Zucker in dem lauwarmen Wasser auflösen und 10 Minuten stehen lassen.
- Hefeansatz mit Mehl und Sauerteig zu einem Teig verkneten. Dann die Röstzwiebeln und das Salz unterkneten. Der Teig sollte geschmeidig sein. Abgedeckt 15 Minuten ruhen lassen.
- Das Brot leicht kneten und zu einem länglichen Brot formen. Etwa 1 Stunde gehen lassen. Das Teigvolumen sollte sich fast verdoppelt haben.
- Das Brot nach Belieben einschneiden. Den Ofen auf 220 °C vorheizen und das Brot in den Ofen schieben.
- Eine Tasse heißes Wasser mit in den Ofen geben. Das Brot 50 bis 60 Minuten backen.

Tipp: Schmeckt prima als Partybrot und zu herzhaften Snacks.

Brot mit Sauerteig

Vollkornbrot

Zutaten für 1 Brot

Für den Sauerteigansatz:

250 g Roggenschrot
100 g Weizenvollkornmehl
80 g Sauerteig
300 ml lauwarmes Wasser

Für das Brühstück:

200 ml Wasser
100 g Weizenkörner

Für den Hauptteig:

450 g Roggenvollkornmehl
175 g Weizenvollkornmehl
25 g Sesam
25 g Leinsamen
25 g Sonnenblumenkerne
1½ EL Salz
1 EL Honig
500 ml lauwarmes Wasser
etwas Fett für die Form

- Den **Sauerteigansatz** am besten am Abend zubereiten. Dazu alle Zutaten verrühren und abgedeckt an einem warmen Ort über Nacht ruhen lassen.
- Ebenfalls am Abend vor dem Backen das **Brühstück** herstellen. Dazu das Wasser zum Kochen bringen, die Weizenkörner damit übergießen und abgedeckt über Nacht stehen lassen.
- Am nächsten Tag etwa 3 EL Sauerteigansatz für das nächste Brot abnehmen. Er hält sich etwa 1 Woche im Kühlschrank oder bis zu 3 Monaten tiefgekühlt.

- Für den **Hauptteig** Roggen- und Weizenmehl in einer Schüssel mischen. Restlichen Sauerteiganstatz, Saaten, Salz, Honig und Wasser dazugeben und alles zu einem Teig verkneten.
- Die Weizenkörner abtropfen lassen und unterarbeiten. Der Teig ist recht klebrig. Den Teig abdecken und an einem warmen Ort etwa 30 Minuten gehen lassen. Anders als bei Hefeteigen wird sich sein Volumen allerdings nicht verdoppeln.
- Den Teig auf einer bemehlten Fläche durchkneten. Dazu so viel Mehl dazugeben, dass sich der Teig zu einem Laib formen lässt.
- Eine Kastenform leicht einfetten und leicht mit Mehl bestäuben. Das Brot in die gefettete Form geben und gut 2 Stunden gehen lassen.
- Den Ofen auf 200 °C vorheizen und das Brot in den Ofen geben. Zusätzlich eine Tasse heißes Wasser in den Ofen geben.
- Das Brot etwa 60 Minuten backen. Vor dem Anschneiden gut auskühlen lassen.

Tipp: Als Brühstück werden Körner oder Schrot bezeichnet, die mit kochendem Wasser übergossen werden. Das Brühstück quillt dann meist über Nacht weiter auf. Wer ein Brühstück etwas länger stehen lassen will bzw. muss, sollte Salz hinzugeben, um eine unerwünschte Gärung zu unterbinden (vor allem bei Schrot).

Sechskornbrot

Zutaten für 1 Brot

Für den Vorteig:

125 g Weizensauerteig
125 g Sechskornmehl
60 ml Wasser

Für den Hauptteig:

300 g Sechskornmehl
100 g Weizenvollkornmehl
2½ TL Salz
275 ml Wasser

- Den **Vorteig** am Vortag zubereiten. Dazu den Sauerteig mit dem Mehl und dem Wasser gründlich verrühren. Abgedeckt mindestens 4 Stunden gehen lassen. Danach über Nacht in den Kühlschrank stellen.
- Am nächsten Tag vor der Zubereitung des Hauptteiges den Vorteig etwa 1 Stunde bei Raumtemperatur stehen lassen.
- Den Vorteig mit den Zutaten für den **Hauptteig** verkneten. Der Teig sollte nicht mehr kleben, gegebenenfalls noch Wasser oder Mehl hinzufügen. Den Teig gut 10 Minuten per Hand kneten.
- Den Teig zu einer Kugel formen und abgedeckt gehen lassen, bis sich das Teigvolumen verdoppelt hat. Das dauert bei diesem Sauerteigbrot erheblich länger als bei Sauerteig-Hefe-Broten (bis zu 4 Stunden).
- Den Teig danach zu einem Brotlaib formen und in einem Gärkorb oder alternativ auf einem mit Backpapier ausgelegten Backblech wiederum 2 Stunden abgedeckt gehen lassen. Das Volumen sollte noch einmal deutlich zunehmen.
- Den Backofen auf 250 °C vorheizen, idealerweise wird dieses Brot mit einem Backstein gebacken.

- Das Brot nach Belieben einschneiden und mit Hilfe eines Brotschiebers in den Ofen einschießen. Sofort eine Tasse heißes Wasser in den Ofen geben und die Ofenwände mehrmals in kurzem Abstand mit Wasser besprühen. Das Brot etwa 25 Minuten backen, danach die Temperatur auf 220 °C reduzieren weitere 30 Minuten backen. Wenn das Brot zu dunkel wird, mit Alufolie abdecken.

Tipp: Im Handel gibt es fertige Sechskornmischungen, die man in Reformhäusern und Naturkostläden frisch mahlen lassen kann. Alternativ können Sie auch Ihre eigene Mischung aus verschiedenen Mehlen herstellen.

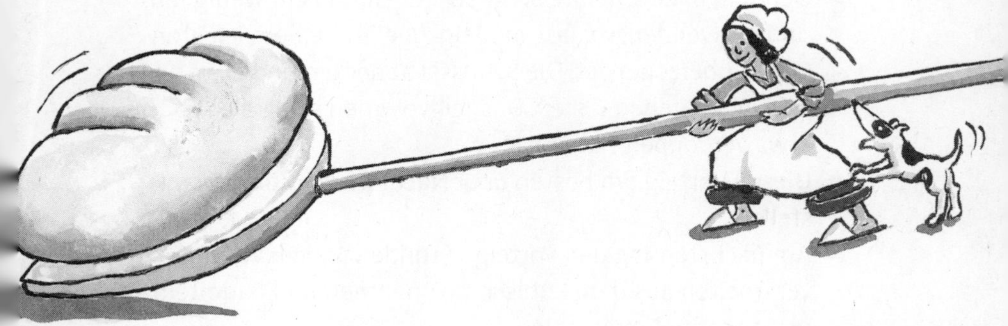

Grundrezept Sauerteigbrot

Zutaten für 1 großes Brot oder 2 kleine Brote

Für den Vorteig:

115 g Weizensauerteig
125 g Weizenmehl (Type 1050)
etwa 45 ml Wasser
Öl für die Schüssel

Für den Hauptteig:

300 g Weizenvollkornmehl
180 g Dinkelvollkornmehl
100 g Roggenvollkornmehl
1 EL Salz
360-420 ml lauwarmes Wasser

- Für den **Vorteig** den Weizensauerteig etwa 1 Stunde vor der Verarbeitung aus dem Kühlschrank nehmen, damit er Zimmertemperatur annehmen und sich akklimatisieren kann.
- Sauerteig zusammen mit dem Mehl in einer Schüssel zu einem Teig verkneten. Dabei etwas Wasser hinzugeben, aber nur so viel, dass sich leicht eine Kugel formen lässt.
- Den Teig in eine geölte Schüssel geben und ein wenig hin- und herwenden, so dass die Teigkugel mit einem leichten Ölfilm überzogen ist. Die Schüssel abdecken und etwa 3 bis 4 Stunden gehen lassen. Das Teigvolumen sollte sich dann etwa verdoppelt haben.
- Diesen Vorteig am besten über Nacht in den Kühlschrank stellen.
- Am nächsten Tag den Vorteig 1 Stunde vor dem Weiterverarbeiten aus dem Kühlschrank nehmen und Raumtemperatur annehmen lassen.
- Für den **Hauptteig** Mehl, Salz und lauwarmes Wasser mit dem Vorteig vermischen und zu einem Teig verkneten, bis alle Zutaten gut verbunden sind.

- Den Teig 6 bis 10 Minuten kräftig kneten, 10 Minuten ruhen lassen und nochmals 5 Minuten kneten. Der Teig sollte zwar einigermaßen fest sein, aber auch noch leicht kleben. Sollte dies nicht der Fall sein, Wasser oder Mehl bis zur gewünschten Konsistenz hinzugeben.
- Den Teig in einer leicht eingeölten Schüssel abgedeckt 3 bis 4 Stunden gehen lassen, bis sich sein Volumen fast verdoppelt hat.
- Teig nicht mehr kneten. Einen großen Brotlaib oder zwei kleine Brotlaibe formen und in einen Gärkorb oder auf ein mit Backpapier belegtes Blech geben und gut abdecken. 2 bis 3 Stunden bei Raumtemperatur gehen lassen.
- Den Backofen (möglichst mit einem Backstein) auf 250 °C vorheizen.
- Die Brote nach Belieben einschneiden und in den Ofen schieben. Für ausreichend Feuchtigkeit sorgen.
- Nach 5 Minuten die Temperatur auf 230 °C reduzieren und die Brote 10 Minuten backen.
- Da die meisten Öfen die Hitze nicht gleichmäßig verteilen, kann es sinnvoll sein, die Brote jetzt einmal zu drehen. Nach dem Drehen weitere 15 bis 25 Minuten backen, bis sie goldbraun sind. Ein großes Brot 10 Minuten länger backen.
- Mit dem angewinkelten Zeigefinger auf die Unterseite der Brote klopfen. Ist das Brot gar, klingt es dumpf und hohl.
- Die Brote aus dem Ofen nehmen und auskühlen lassen. Mit dem Anschneiden mindestens 45 bis 60 Minuten warten.

Tipp: Dieses Grundrezept eignet sich sehr gut als Basisrezept für weitere Experimente. Nehmen Sie beispielsweise andere Mehlsorten zum Weizenmehl hinzu. Wenn die Zeit knapp ist, kann man etwas Hefe zu dem Hauptteig geben, dann geht das Brot schneller.

Falls Sie das Backen zeitlich anders organisieren möchten, kann der fertige Hauptteig auch noch einmal über Nacht in den Kühlschrank. Vor dem Backen dann 3 bis 4 Stunden warm stellen, damit die große Teigmenge Raumtemperatur annehmen kann.

Südtiroler Vintschger

Zutaten für 4 Fladenbrote

500 g Roggenvollkornmehl
250 g Sauerteig
1 EL Salz
etwa 350 ml lauwarmes Wasser
½ TL zerstoßene Koriandersamen
½ TL Kümmel
½ TL Fenchelsamen

- Alle Zutaten in eine Schüssel geben und zu einem Teig verkneten.
- Den Teig annähernd zu einer Kugel zu formen, er ist recht weich. Zugedeckt etwa 2 Stunden an einem warmen Ort gehen lassen.
- Den Teig kurz durchkneten und in vier Portionen teilen. Die Portionen zu Kugeln formen und fladenförmig ausrollen. Die Fladenbrote nochmals etwa 1 Stunde gehen lassen.
- Den Ofen auf 200 °C vorheizen und die Brote in den Ofen schieben (eventuell mit einem mit Mehl bestäuben Schieber). Brote 15 bis 20 Minuten backen.

Tipp: Vintschger sind traditionelle Südtiroler Fladenbrote, die auf vielen Almen auch heute noch selbst gebacken werden. Mit Kümmel, Anis und Fenchel sind diese Brote sehr würzig und passen hervorragend zu deftigen Mahlzeiten.

Sauerteigwaffeln

Zutaten für 12 Waffeln

500 g Weizensauerteig
125 g Weizenmehl (Type 1050)
125 ml lauwarme Milch
1 EL Sonnenblumenöl
2 Eier
1 EL Roh-Rohrzucker
½ TL Salz

- Alle Zutaten zu einem flüssigen Teig verrühren, etwa 20 Minuten ruhen lassen. Ein Waffeleisen vorheizen und die Waffeln von beiden Seiten goldbraun backen.

Tipp: Sauerteigwaffeln zeigen, dass sich Sauerteig nicht nur zum Ansäuern und Lockern von Broten eignet, sondern durchaus auch für Gebäck geeignet ist.

Zu diesen pikanten Waffeln passt beispielsweise ein Schmorgericht aus Pilzen oder – ein wenig amerikanisch – in Butter und Ahornsirup karamellisierte Wal- oder Pecannüsse.

Brot ohne Hefe oder Sauerteig

Walnussbrot

Zutaten für 1 Brot

150 g Weizenmehl (Type 1050)
150 g Dinkelmehl
¼ TL Salz
50 g Vollrohrzucker
1 Päckchen Weinsteinbackpulver
1 Ei
200 ml Milch
150 g gehackte Walnüsse
Fett für die Form

- Weizen- und Dinkelmehl in eine Schüssel geben und mit Salz, Zucker und Weinsteinbackpulver mischen.
- Ei, Milch und gehackte Walnüsse hinzugeben und alle Zutaten zu einem weichen Teig verrühren.
- Den Teig in eine gefettete Kastenform füllen und bei 175 °C etwa 1 Stunde backen.

Knäckebrot

Zutaten für 10 Knäckebrotscheiben

150 g Dinkelvollkornmehl (oder Weizenvollkornmehl)
150 g Roggenvollkornmehl
2 Msp Backpulver
30 g weiche Butter
250 ml Milch
1 TL Salz
1 EL Sesam zum Bestreuen

- Dinkel- und Roggenmehl mit dem Backpulver in einer Schüssel mischen. Butter, Milch und Salz dazugeben und alle Zutaten zu einem geschmeidigen Teig verarbeiten.
- Den Teig etwa 10 Minuten ruhen lassen.
- Den Teig sehr dünn auf einem mit Backpapier ausgelegten Backblech ausrollen und mit Sesam bestreuen.
- Mit einem Teigrad den Teig in gleichmäßige Stücke schneiden und mehrmals mit einer Gabel einstechen.
- Den Ofen auf 220 °C vorheizen und das Knäckebrot 20 Minuten backen.

Rustikales Knäckebrot

Zutaten für 15-20 Scheiben

300 g Roggenvollkornmehl
150 g Weizenmehl (Type 1050)
50 g Haferschrot
1 TL Weinsteinbackpulver
1½ TL Salz
1 TL Vollrohrzucker
1 TL zerstoßene Anissamen
50 g zerlassene Butter
150 ml lauwarme Milch
250 ml lauwarmes Wasser
Weizenkleie fürs Backblech

- Mehl und Schrot in einer Schüssel mit dem Backpulver mischen. Gewürze, Butter, Milch und Wasser dazugeben und alle Zutaten zu einem glatten Teig verkneten.
- Den Teig in etwa fünfzehn bis zwanzig gleich große Portionen teilen. Jeweils zu einer Kugel formen und kreisförmig zu Fladen ausrollen.
- Die Fladen auf ein mit Weizenkleie bestreutes Backblech legen. Bei 160 °C im vorgeheizten Backofen 10 bis 15 Minuten backen, die Knäckebrote sollten dabei nicht zu stark Farbe annehmen.
- Die Temperatur auf 50 °C herunterschalten und weitere 10 Minuten backen bzw. trocknen.

Indische Chapati

Zutaten für 15 kleine Fladenbrote

400 g Chapatimehl oder Weizenvollkornmehl, sehr fein gemahlen
2 EL Ghee (Butterschmalz)
225 ml Wasser
1 TL Salz
Mehl zum Ausrollen

- Chapati- oder sehr feines Weizenvollkornmehl mit Butterschmalz, Wasser und Salz zu einem geschmeidigen Teig verkneten. Der Teig sollte elastisch sein und sich zu einer glatten Kugel formen lassen.
- Die Kugel mindestens 30 Minuten abgedeckt ruhen lassen. Der Teig kann aber auch problemlos bis zu 2 Stunden ruhen.
- Anschließend den Teig in fünfzehn kleine Portionen teilen und zu Bällchen formen. Jedes Bällchen, mit genügend Mehl bestäubt, dünn und möglichst kreisförmig ausrollen.
- Eine Pfanne bei mittlerer Hitze vorheizen. Das Mehl von den Chapati abklopfen und die Fladenbrote ohne Fett in die Pfanne geben. Pro Seite etwa 1 Minute backen – das ist eine grobe Zeitangabe, am besten beobachtet man den Fladen. Wenn sich erste Bläschen bilden, kann der Chapati gewendet werden. Er sollte sich beim Backen leicht aufplustern.
- Das fertige Fladenbrot aus der Pfanne nehmen und in ein Tuch einschlagen, damit es schön weich bleibt.
- Am besten gleich servieren. Bei größeren Mengen die Chapati auf einen Teller stapeln, mit Alufolie abdecken und bei 50 °C im Ofen warm halten.

Tipp: Chapatimehl wird im indischen oder asiatischen Lebensmittelhandel auch unter der Bezeichnung Atta angeboten. Mit dem zu einem feinen Pulver vermahlenen Weizenvollkornmehl wird der Teig samtweich und lässt sich leicht kneten.

Sie können statt 400 g Weizenmehl auch eine Mischung aus 350 g Weizenmehl und 50 g Hirsemehl ausprobieren.

Mexikanische Tortillas

Zutaten für 14 kleine Fladenbrote

125 g Weizenvollkornmehl
125 g Maismehl
1 TL Salz
150 - 200 ml Wasser
Maismehl zum Ausrollen

- Die beiden Mehlsorten in einer Schüssel mit dem Salz mischen. Wasser vorsichtig hinzugeben, erst weniger, bei Bedarf dann mehr.
- Die Zutaten zu einem elastischen Teig verarbeiten und gut mit den Händen durchkneten. Der Teig sollte zwar weich sein, aber nicht mehr kleben.
- Teig zu einer Kugel formen und abgedeckt etwa 20 Minuten ruhen lassen.
- Den Teig danach in vierzehn gleiche Teile teilen und zu Kugeln formen. Jede Kugel kreisrund und sehr dünn auf einer bemehlten Arbeitsfläche ausrollen.
- Eine Pfanne auf mittlere Temperatur erhitzen. Die Tortillas darin ohne Fett backen – pro Seite etwa 1 Minute. Die Fladen werfen leichte Blasen, die schön bräunen sollten.

Tipp: In Mexiko werden Tortillas mit einem speziellen Maismehl gebacken, das hierzulande kaum erhältlich ist. Die Mischung aus Mais- und Weizenmehl ist ein guter Kompromiss. Im Norden Mexikos werden Tortillas ganz aus Weizenmehl gebacken.

Tortillas schmecken gefüllt mit Gemüse und Käse hervorragend, passen aber auch gut zu Bohneneintöpfen und Chilis.

Rezeptindex

Die Autorin

Claudia Schmidt arbeitet als freie Autorin und Bildjournalistin in Hamburg. Ihre Begeisterung fürs Kochen und Backen gibt sie schon in ihrem ersten Buch „Alles Tomate!“, auf eigenen Internetseiten und in Kursen für Jugendliche weiter. Für ihr neues Buch hat sie mit Lust und Leidenschaft gerührt und geknetet, Vorteige und Sauerteige angesetzt, Brötchen, Fladen und Brotlaibe geformt und viele neue vollwertige Backrezepte entwickelt.

Vegetarisch – vollwertig – gut

Claudia Schmidt:
Alles Tomate!
ISBN: 3-89566-173-2

Irmela Erckenbrecht:
Zucchini
ISBN: 3-89566-200-3

Nicola Koch/Ines Teitge-Blaha:
Vegetarisch kochen – thailändisch
ISBN: 3-89566-202-X

Farsane Baraki:
Vegetarisch kochen – afghanisch
ISBN: 3-89566-213-5

Gesamtverzeichnis bei: pala-verlag, Rheinstraße 35, 64283 Darmstadt,
www.pala-verlag.de , E-Mail: info@pala-verlag.de

ISBN-10: 3-89566-221-6
ISBN-13: 978-3-89566-221-8

Rheinstr. 35, 64283 Darmstadt
www.pala-verlag.de

Titel-Illustration: Nicola Koch
Innen-Illustrationen und Gestaltung: Nicola Koch
Lektorat: Barbara Reis
Druck: fgb • freiburger graphische betriebe
www.fgb.de
Dieses Buch ist auf Papier aus 100% Recyclingmaterial gedruckt.